JEAN LAROCQUE

1871

SOUVENIRS
RÉVOLUTIONNAIRES

LA COALITION DE 1868 — LA GRÈVE DU CREUSOT
LA DÉCLARATION DE GUERRE
LA DÉFENSE DE PARIS — LE 31 OCTOBRE — L'ÉVANGILE DE LA FAIM
LA DÉCLARATION DE BELLEVILLE — LE COMITÉ CENTRAL
LE 18 MARS

DEUXIÈME ÉDITION

PARIS

NOUVELLE LIBRAIRIE PARISIENNE
ALBERT SAVINE, ÉDITEUR
18, RUE DROUOT, 18

1871

SOUVENIRS

RÉVOLUTIONNAIRES

JEAN LAROCQUE

1871

SOUVENIRS

RÉVOLUTIONNAIRES

LA COALITION DE 1869 — LA GRÈVE DU CREUSOT
LA DÉCLARATION DE GUERRE
LA DÉFENSE DE PARIS — LE 31 OCTOBRE — L'ÉVANGILE DE LA FAIM
LA DÉCLARATION DE BELLEVILLE — LE COMITÉ CENTRAL
LE 18 MARS

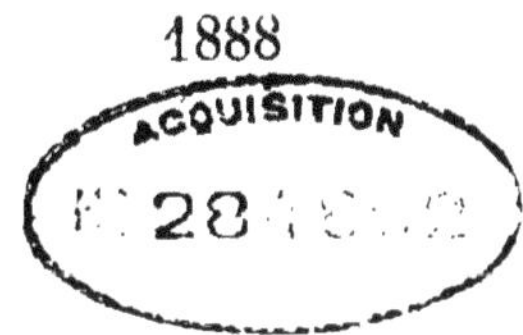

PARIS

NOUVELLE LIBRAIRIE PARISIENNE

ALBERT SAVINE, ÉDITEUR

18, *Rue Drouot*, 18

1888

POURQUOI CE LIVRE

Adsum qui feci.

Je disais en 1871, après juin, à mes compagnons d'exil, qui n'avaient point été mes compagnons de lutte :

— Nous n'avons plus la parole. L'avenir n'est plus à nous. Un nouveau monde va naître de notre défaite. Laissons agir et penser les générations qui nous succèdent.

Après dix-sept années d'attente, je vois que je me trompais. Le nouveau monde n'est pas né. Les générations rénovatrices ne sont pas venues. Rien, depuis dix-sept ans, n'a été ni achevé, ni engendré, ni fécondé pour la liberté, ni pour la justice, ni pour l'honneur. Les vainqueurs de Mai n'ont produit ni une garantie, ni une idée.

L'immoralité publique, résultat nécessaire
d'un régime oligarchique sans principes et
sans contrôle, infecte les sources de notre
vie nationale. Aujourd'hui que nous sommes
en présence du Centenaire de la Révolution, échéance formidable, aux mânes des
hommes de 89 que nous osons évoquer,
s'ils nous demandaient : « Qu'avez-vous fait
de notre œuvre ? » nous n'aurions à montrer que ceci :

— L'Idée de 1871.

Sollicité bien des fois de publier ces Souvenirs, documents que rien ne peut sup-
pléer pour l'histoire de notre époque, j'en
ai été longtemps détourné par la crainte de
réveiller d'inutiles haines. Le retour d'une
situation aussi périlleuse que celle de 1870
me fait une loi de vaincre mes scrupules et
de parler.

Le procès de 1871 n'est pas jugé. Le
coupable peut s'instituer bourreau, mais
non juge.

Il ne sera jugé que par l'Histoire, à laquelle j'apporte non la déposition d'un témoin, mais la confession, ou pour parler plus franchement, la déclaration hautaine d'un personnage du drame.

Je n'interprète rien, je raconte.

Je raconte naïvement, dans le détail, pour donner la physionomie juste des faits.

Je laisse au lecteur le soin de faire ses réflexions. Je réserve les miennes.

Je viens dire ce que j'ai vu, et comme je n'ai guère vu que ce que j'ai fait, dire ce que j'ai fait.

Il est fastidieux de parler de soi. L'accomplissement d'un devoir public m'a seul conduit à me mettre en scène naguère dans l'action, et me conduit seul à m'y remettre aujourd'hui dans le livre.

J'espère que nul ne suspectera ni la fidélité de ma mémoire ni la sincérité de mon récit.

Les documents qui restaient entre mes mains au 28 mai 1871 ont été, sans mon autorisation, les uns brûlés, les autres dispersés; quelques-uns ont pu être livrés. Ma narration sera donc incomplète et non prouvée.

Je ne puis invoquer le témoignage que de peu de personnes et sur des points distincts. La plupart de ceux qui savaient quelque chose ne sont plus; les autres ont intérêt à se taire. Nul hors moi ne connaît l'ensemble et la suite des événements que je retrace. J'en ignore moi-même les dessous et les dehors.

Je ne m'occupe dans ce volume que de Paris. Paris alors, c'était la France.

L'absorption de la Société dans l'État et la concentration excessive de l'État, caractères pivotaux de la phase que nous traversons, ont réduit la Province à un rôle passif. Elle en est sortie un instant après le 18 Mars, sur l'initiative de l'Alliance des

Départements, créée par moi. Cette question est renvoyée à un autre volume, qui traitera de la *Révolution par la paix.*

Celui-ci remonte aux causes de notre défaite de 1870 et s'arrête à l'occupation de Paris. Il résume tout ce qui concerne la *Révolution par la guerre.* Il a pour but de démontrer par les faits la connexité nécessaire de ces deux ordres d'action.

J'évite les attaques personnelles. Je ne considère que les principes. Dans la tragédie sombre où notre prestige militaire a succombé sans que notre grandeur morale s'y relevât, les individus sont des comparses. Deux héros invaincus s'y dressent seuls :

—Le Peuple ! l'Idée !

26 février 1888.

I

LA COALITION DE 1869

Victor Hugo, dans les *Châtiments*, n'a pas frappé le vrai coupable. Il a flagellé le fantoche qui avait violé la nation : il devait fouailler la catin qui lécha les pieds de son dompteur. Si une nation est violée, c'est qu'elle veut l'être.

La faute de celle-ci remonte à ses maîtres, aux fondateurs de l'État enseignant et moralisant, de l'Église laïque, de l'Université impériale, de l'Institut officiel, de l'opportunisme philosophique, de l'instruction mise à la portée des ineptes, des diplômes délivrés à l'argent, de l'état financier omnivore, du crédit par ordre, du parasitisme administratif et des pouvoirs prévaricateurs. C'est tout ce système destructif de l'esprit français qu'eût cinglé la lanière d'un Juvénal irrité de notre abaissement. Il aurait réservé quelques coups de cravache aux publicistes et aux historiens fauteurs de mensonge ; aux romanciers et aux poètes flatteurs de nos mollesses et de nos vices.

Après l'aplatissement de la nation en 1851, un homme d'esprit se serait dit :

— Ce peuple n'est plus bon à rien. Amusons-nous.

Il aurait attelé à ses voitures, comme Charles-Quint, des filles nues, et il aurait choisi, pour cet ornement de ses promenades, les plus riches et les plus belles. Puis il aurait fait flamber Paris, un punch immense, avec nos bibliothèques et nos musées pour attiser la fournaise, et se serait brûlé au milieu.

Un homme d'État aurait regardé au fond de notre histoire et de nos mœurs. Il se serait dit :

— Les classes gouvernantes de ce peuple sont seules coupables. La nature de ses instincts et de son génie subsiste. A son esprit libre et ouvert, merveilleusement extensible, souple à toutes les hautes idées, apte à toutes les grandes œuvres, il a toujours manqué la condensation et la garantie d'un droit public. Je vais créer pour lui ce droit : je me soumettrai ensuite à l'expiation judiciaire de mon audace.

Incapables d'une visée haute, les *facchini* du coup d'État se sont hâtés d'entrer dans les petits souliers de la monarchie parlementaire. Ils ont remonté la comédie représentative, qui n'a été qu'une pièce à sifflets jusqu'au jour où les acteurs ont sifflé avec le public. Ils ont singé le militarisme avonculaire, et en deux coups de main nous ont fait perdre la bonne situation que la vieille monarchie nous avait gagnée en Europe et que les traités de 1815 nous avaient conservée. Pour le bon plaisir de l'Angleterre, ils rompirent l'équilibre européen qui la gêne. Ils réédifièrent à nos côtés la puissance de notre ennemie intime, la vieille Italie. Ils laissèrent, à Sadowa, écraser l'Autriche, notre sauvegarde. Puis ils firent des plans de réorganisation de nos forces militaires, et l'argent destiné à nous pourvoir d'une armée fut dépensé en noces et festins.

A ces hauts faits se résume, jusqu'en 1870, l'histoire politique de notre temps. Quand nous serons sortis du gâchis où ces gens-là et leurs continuateurs nous ont empêtrés, il sera plaisant d'en écrire l'histoire charivaresque.

Une des palabres favorites des hommes d'État et des journaux graves du second empire fut la question des instituteurs et de l'enseignement élémentaire.

Inventer le journal à un sou et lui fabriquer des lecteurs : tel fut pendant quinze ans le résumé de la science sociale.

L'instruction au peuple ! Il n'y avait rien à répondre à cela.

Un gendarme placé derrière ce garde-chiourme qu'on appelle instituteur primaire : voilà qui résout tous les problèmes.

L'enseignement obligatoire par décret et selon les programmes ministériels changés chaque semaine, était la panacée de tous les maux.

Ce bon monsieur Duruy, qui fut sept ans l'incarnation parfaite de l'État pédagogue, s'entourait d'instituteurs comme Louis XI de petites gens. Il avait fait de l'instituteur plus qu'une puissance : une religion d'État.

Il opposait l'instituteur au curé, l'école laïque à l'école cléricale, la morale indépendante à la morale religieuse : l'empire se donnait ainsi le faux air de libéralisme qui le jeta dans les sottises de 1870, — un crachat où il se noya.

Le ministre des instituteurs avait une manière à lui de trancher les difficultés économiques. Il disait aux enfants pauvres :

— Suivez bien mes programmes et vous deviendrez bourgeois ! Que pouvez-vous désirer de plus ?

Tous bourgeois ! Des perdrix truffées pour tout le monde ! O la lumineuse perspective de la pédagogie officielle !

Vous demandiez timidement à ces jansénistes déchristianisés et devenus, une fois au pouvoir, de simples hâbleurs :

— Et la famille, qu'en faites-vous ?

Ils vous répondaient sans broncher :

— La famille, c'est nous.

— Vous allez encombrer de fruits secs notre société qui en a déjà trop et qui a besoin de vignerons.

— Parbleu ! nous en ferons des instituteurs.

— Et avec quoi les payerez-vous ?

— Homme de peu de foi ! retournez à l'école.
Nos économistes vous apprendront que le
crédit d'un peuple où il y a beaucoup d'instituteurs est illimité, et que le budget se
gonfle à proportion du nombre des instituteurs.

Or savez-vous, lecteur, ce qui est arrivé :
un jour tout ce bel édifice administratif de
papier mâché que l'univers enviait à notre
pays s'est effondré dans un océan de bêtise
humaine, et ceux qui nous avaient conduits
par la lisière à ce dénoûment en ont pris acte
pour s'écrier :

— Nous vous l'avions bien dit ! L'Allemagne
a vaincu parce qu'elle a des instituteurs !

Et toute la presse démocratique de répéter
comme auparavant :

— Ce sont des instituteurs, ce sont des instituteurs qu'il nous faut !

J'écris ceci en février 1888, et je viens de
lire dans un discours que M. de Bismarck
prononçait au Reichstag, il y a trois jours,

que la force de l'Allemagne consiste dans son corps d'officiers, qui n'a pas de rival au monde.

Je ne le crois pas parce que M. de Bismarck le dit : je le répète parce que cela est. Or des officiers intelligents ne sont pas le produit de l'enseignement primaire, mais de l'instruction secondaire et supérieure dirigée par des maîtres indépendants, étayée de la virilité des mœurs et de la force de l'esprit public.

L'instruction primaire ne peut être que la menue monnaie de l'instruction supérieure [1]. Faute de celle-ci, vous appelez les dindons à un spectacle magique ; mais vous avez oublié d'éclairer la lanterne.

Or la lanterne ne s'allume pas par arrêté ministériel : il y faut le concours séculaire

---

[1] Les mots ont pris un sens tellement étroit, sous le pédagogisme officiel, que je suis obligé d'expliquer celui de ces expressions : enseignement secondaire et supérieur. Elles embrassent tout ce que, au temps où l'enseignement personnel existait, on entendait par *humaniores litteræ*, — les études qui mettent dans l'homme l'Humanité, — d'abord leurs éléments généraux et synthétiques, ensuite leurs développements spéciaux et analytiques. Cette conception n'a rien de commun avec notre préparation mécanique aux examens de l'État et les apprentissages professionnels de l'avocat ou du pharmacien. Elle suppose l'indépendance des maîtres et la personnalité de leurs méthodes.

des efforts d'intelligences libres, édifiées sur des institutions et sur des mœurs.

Il y a longtemps que Stéphane Rousseau démontrait que *le problème de notre époque est un problème d'éducation*, n'entendant point par ce mot *éducation* la pédagogie officielle, mais y enfermant tous les éléments supérieurs qu'il comporte.

J'eus un jour à ce sujet une discussion très vive avec M. Ernest Renan. Il y a bien trente ans de cela.

— L'éducation, me dit-il, importe peu : les hommes supérieurs se font eux-mêmes. Que vaut le reste ?

Pardon, monsieur : dans une société qui se décompose, les hommes supérieurs ne se font plus, et les vaines illustrations littéraires du demi-siècle qui se termine l'ont prouvé.

Juste dix ans plus tard, je repris ce thème avec Émile de Girardin, en pleine forêt de Saint-Germain :

—Vous vous arrêtez, me disait-il, à une petite question. L'Europe est en feu, au premier jour nous pouvons avoir l'Allemagne sur les bras.

— Que lui opposerez-vous, lui répondis-je,

si contre ses masses solides vous ne dressez que des monceaux de poussière humaine ?

L'argument le frappa, et il me donna carte blanche pour exposer mes idées dans la *Liberté*. M. Odysse Barot sait par quel tour d'adresse fut subtilisé ce bon vouloir.

Le même Émile de Girardin me dit, en 1879, à mon retour d'Angleterre :

— Il n'y a plus rien à écrire, plus rien à dire, tant l'esprit public est tombé bas dans ce pays depuis huit ans. Bien que je persiste à croire justes la plupart des idées que j'ai exprimées autrefois, je ne les publierais pas aujourd'hui ; à quoi bon ?

1858-1879 ; un point de départ et un point d'arrivée : tout possible à la première date, s'il y avait eu des intelligences directrices de hauts vouloirs ; tout impossible, suivant Girardin, à la seconde, après l'abaissement continu.

La source principale de nos maux est le défaut de direction des esprits, d'*ordination* intellectuelle et morale, de mise en place des énergies, de milieux organiques, de points d'appel supérieurs, de courants vitaux. Les âmes s'agitent dans le vide ; les instincts brutaux et les intérêts étroits mènent seuls la

1.

danse. Faites donc du patriotisme avec cela ! faites de la justice ! faites de la force !

Ce problème était le *b, a, ba* des Jeunes il y a trente ans. Diverses écoles politiques, socialistes, économiques ont prétendu le résoudre. Les unes ont manqué de franchise, simples instruments de règne ; les autres ont commis l'erreur grave de substituer la Science à la Nature dont la Science ne doit être que l'humble servante. Nous partagions presque tous cette erreur à la fin de l'Empire. Elle est terrible. Quand même le prétendu règne de la science n'aboutirait pas à l'établissement d'un mandarinat aussi étouffant pour la science que l'Église l'a été pour la religion, la science est fausse qui n'a pas pour premiers principes l'autonomie de la conscience humaine et l'observation respectueuse de la nature des êtres, dans l'histoire des sociétés comme dans celle des animaux et des plantes.

Si en 1870 le gouvernement eût réuni un congrès des intelligences et leur eût dit :

— Je me soumets à vous, commandez !

Les intelligences, honnêtes et sincères, auraient répondu :

— Nous ne sommes pas prêtes. Nous ne savons pas.

J'avais donc, de 1863 à 1868, soutenu, dans le *Journal général de l'Instruction publique*, une lutte courageuse contre le ministère en essayant de galvaniser le monde enseignant et d'opposer une digue à la défaillance de la raison et des mœurs par une fière coalition des hautes énergies.

Je dus cette licence aux rancunes de Charles Louandre et à ce que le ministère avait lâché une boutique pour en favoriser une autre. Weiss et d'autres hommes de talent souriaient à mes hardiesses, qui servaient aussi leurs rancunes.

J'ignorais alors ce que m'ont appris mes huit années d'exil et ce que je ne crois pas avoir payé trop cher : que si l'Angleterre crée des nations et des empires tandis que nous nous résorbons misérablement dans nos disputes de coteries, elle le doit à ce que chez elle les classes lettrées, y compris l'Église, sont indépendantes et bien rentées. Mais je n'avais pas besoin de ce grand exemple pour comprendre que l'asservissement des maîtres à l'administration et à une politique d'occasion, celui du prêtre à Rome et à l'État, celui de la presse et du livre à la finance et à une opinion frelatée, nous acheminaient fatalement à l'imbécillité publique[1] et à la ruine.

Je le compris et je le dis.

Charles Louandre, esprit gaulois de la bonne souche, s'amusait fort de la naïveté de ma défense des libertés universitaires :

— Il n'y en a pas un dans l'Université, me disait-il, qui consentît à être libre. Eh ! que feraient-ils de leur liberté, les pauvres cerveaux ?

Cependant Victor Le Clerc, vieil universitaire de race, me répétait ce mot de Saint-Marc Girardin :

— Les études baisseront en France tant qu'il y aura des commis rue de Grenelle.

Et Désiré Nisard me serrait dans ses bras en m'assurant que je sauvais l'Université.

---

[1] Je ne taxe pas les gens d'imbécillité dans l'exécution de leur travail et la conduite de leurs affaires. Mais ils en sortent et s'occupent de théories générales dont ils ne connaissent que les formules courantes. Si ces formules sont presque toutes, comme je le crois, fausses et *imbéciles*, il en résulte un grand désordre, non seulement dans la gestion des affaires publiques, mais encore dans les pratiques particulières de la vie sociale.

Mais l'Université ne voulait point être sauvée. Elle se trouvait bien de dormir sur l'oreiller des programmes ministériels qui lui font distribuer une pâture indigeste aux ineptes [1], sans une syllabe propre à éveiller les rares aptitudes noyées dans la masse des incapacités appelées au diplôme parce qu'elles payent et aux emplois publics parce qu'elles ont le diplôme.

On m'accusa de travailler pour les jésuites : une accusation qui ne rate jamais son effet.

— Vous n'êtes pas dans le mouvement, me criait-on ; vous ne voyez pas ce qui se passe. Tuons l'infâme, nous aurons ensuite le temps d'être libres.

Et voilà cent cinquante ans que pour *tuer*

[1] J'attaque les systèmes, non les personnes, qui heureusement valent mieux que les systèmes.

J'entends proprement par *ineptie* une inaptitude qui se méconnaît.

Les aptitudes et inaptitudes sont naturelles ; l'ineptie est le fruit d'une éducation mal dirigée. Bien des enfants que rend ineptes l'application forcée aux études abstraites, dans l'âge qui devrait être principalement consacré au développement des forces physiques et morales, auraient pu manifester dans d'autres directions des facultés précieuses.

L'homme qui ne suit que ses aptitudes n'est jamais inepte. L'achevé d'une bonne éducation serait de permettre à chacun de rester à sa place et de connaître ses limites.

l'infâme nous nous détruisons nous-mêmes, et que nous négligeons le seul moyen de l'affaiblir, qui serait de lui être supérieurs, en morale sociale et en justice démocratique.

On m'ôta la petite place que j'occupais, après concours de droit et de langues modernes, à la direction des *Annales du commerce extérieur*, où j'avais rédigé sous mon seul contrôle personnel des publications importantes à des appointements de surnuméraire.

Cela fait, il fallut me priver du *Journal général*, qui restait mon unique ressource. M. Duruy, las de remplacer chaque semaine des arrêtés ridicules par d'autres qui ne l'étaient pas moins, et de s'enfermer pour lacérer les numéros du *Journal général* que ses secrétaires malins se faisaient un plaisir de placer sur son pupitre avec mes articles soulignés d'un bout à l'autre à l'encre rouge, avisa un moyen ingénieux de se débarrasser de critiques désagréables.

J'avais commencé un article à peu près par ces mots :

— M. le ministre se trompe si, dans son œuvre d'abaissement systématique de l'instruction nationale, il se croit couvert par l'inertie des classes payantes auxquelles ses diplômes sans valeur intrinsèque assurent le maintien d'une suprématie non justifiée. Si ces classes condamnent elles-mêmes leurs enfants à cesser d'être les représentants légitimes de l'esprit français, d'autres se formeront qui...

Vous devinez le reste. Cet appel à l'élévation des nouvelles couches sociales était une imprudence, dont le ministre profita aussitôt.

Il fit en sorte de rencontrer chez Magne, son collègue des finances, l'imprimeur Paul Dupont, qui savait, dit-on, signer. Celui-ci cumulait la qualité de propriétaire du journal avec celle de député de la Dordogne pour le compte du gouvernement. Le ministre se jeta dans ses bras et s'écria :

— Ah ! cher monsieur Dupont, quel bonheur de vous rencontrer, vous, le plus honnête homme de France ! Comment se fait-il qu'on nous ait brouillés ? Pourquoi le *Journal général* n'a-t-il plus sa subvention ? Je vous assure que je n'en sais rien. Mais j'apprends que M. Larocque va en devenir seul rédacteur en chef et le conduire à sa guise. Cela est bien grave. Vous ne savez donc pas ce que c'est que M. Larocque?

M. Dupont écarquilla les yeux et balbutia.

Le ministre reprit d'une voix inquiétante :

— M. Larocque ? mais c'est la révolution sociale !

M. Dupont bondit.

— Vous comprenez que votre prochaine élection...

— Mais pas du tout ! mais pas du tout ! murmura le pauvre homme.

— Avez-vous lu son dernier article ?

— Je ne lis jamais.

— Eh bien ! lisez-le.

Cette scène m'a été narrée par Charles Louandre, qui, du reste, ne tenait pas lui-même à se retirer du journal et à me le laisser entièrement entre les mains.

M. Dupont se fit lire l'article, et ce qu'il en comprit suffit.

Voilà comment, au lieu de signer, le 1er janvier 1868, un traité par lequel un journal ancien et connu fût devenu entre mes mains l'organe puissant des idées nouvelles, je me trouvai brusquement sans gîte pour ma plume et moi-même proprement sur le pavé.

En 1868 nous fut rendue la tribune publique, agrémentée de la présence d'un agent de police au bureau.

Une espèce d'Allemand, nommé Horn, obéissant à je ne sais quelles influences gouvernementales du dedans ou du dehors, avait organisé des réunions hebdomadaires au Wauxhall. Là les ouvriers du faubourg buvaient avec volupté les torrents de l'éloquence révolutionnaire et s'imprégnaient des doctrines du socialisme d'État. On effrayait ainsi le bourgeois de Paris et la province.

Quelques avocats stagiaires eurent l'idée de consacrer à un enseignement plus libéral la salle du Pré-aux-Clercs, dans la rue du Bac. Afin de permettre aux habitués du Wauxhall d'assister également aux réunions du Pré-aux-Clercs, on s'entendit des deux parts pour adopter des jours différents.

Les plus intelligents admirateurs des tribuns de la rue de la Douane se firent un devoir de venir hausser les épaules devant les exercices oratoires des petits avocats du faubourg Saint-Germain, qui faisaient au contraire les délices des honnêtes bourgeois du quartier et de quelques employés de ministère.

Yves Guyot était un des flambeaux oratoires de ces sortes de conférences, où l'on venait plutôt s'exercer que traiter sérieusement des questions sérieuses. Il était déjà célèbre par ses thèses sur les acquits-à-caution et les enfants naturels. Son éloquence qui montait comme une fusée et les hauts de sa voix faisaient sourire. Sa parole, toujours alerte comme sa plume, se balançait à plaisir dans des thèses de rhétorique qui rappelaient vaguement les dissertations chères à Pline le Jeune.

Il me dit un soir :

— Pourquoi ne venez-vous pas à nos réunions ?

— Que voulez-vous que j'y fasse ? Je n'aime pas écouter.

— Vous parlerez.

— Je ne sais pas parler.

— Essayez.

Je le suivis, bien persuadé que mon invincible timidité me préserverait de la folle tentation de discourir.

Et voilà Guyot installé près du bureau, en bonne posture, au centre du banc des orateurs.

Moi, je me tiens prudemment, à l'entrée, près de la porte.

Un membre du bureau parlait. J'écoute. Il m'ennuie. Je l'interromps.

Signes d'impatience de l'assemblée, non contre l'orateur ennuyeux, mais contre moi.

L'orateur m'ennuie de nouveau : j'interromps de nouveau.

Débordements de cris contre l'interrupteur. Quelques-uns demandent mon expulsion... Au lieu de sortir, je m'avance vers la tribune ; j'y monte pour une motion d'ordre, et je réclame le droit à l'interruption comme la première condition d'une discussion sérieuse :

— Je le réclame dans l'intérêt, dis-je, de l'orateur, que l'on ramène à la question quand il s'en écarte et qu'on force à serrer ses arguments par des objections qu'il n'avait pas prévues. Nous ne venons pas ici pour assister à des tours de force oratoires, mais pour examiner ensemble des questions qui nous importent, et nous devons chercher consciencieusement les moyens d'arriver au vrai.

Incidemment je touchais un point délicat, et plusieurs des railleurs, surpris d'abord de l'incongruité de ma motion, raillèrent ensuite pour mon compte.

L'instant d'après, voyant que les membres du bureau se transmettaient la parole, si bien qu'il n'y en avait que pour eux, je fis une seconde motion, fort topique : je mis le bureau en accusation, demandant qu'on lui interdît de donner successivement la parole à deux de ses membres.

Il paraît que ma remarque frappait juste, car j'eus pour moi une bonne partie de la salle, et je me retirai avec une double victoire remportée sur ma timidité : je m'étais jeté brusquement dans le courant, par peur de l'eau.

A la réunion suivante, j'essayai mes forces dans un long discours qui changea totalement le caractère de ces concours de déclamation. On n'y avait vu jusque-là qu'une occasion pour les futurs procureurs du gouvernement de cadencer des périodes et pour quelques grotesques de varier le spectacle par des intermèdes comiques. La discussion devint grave et serrée, nul ne s'y engagea légèrement, et il en sortit bientôt une doctrine qui déplut à la fois au ministère et aux foudres du Wauxhall révolutionnaire.

On discutait la question de la recherche de la paternité. Les partisans de cette mesure demandaient l'abrogation de l'article du Code qui l'interdit.

— Vous ne pouvez pas, leur dis-je, supprimer cet article sans en supprimer cinq cents autres.

— Ce n'est pas vrai ! Citez-les ! crièrent les avocats, sachant que je n'étais pas un confrère.

Ils étaient tombés dans le piège où je les attendais.

— Ce n'est pas, en effet, cinq cents articles qui sont à supprimer, répondis-je, c'est six cent trente-neuf.

Et je désignai par sections et numéros les six cent trente-neuf articles.

Le débat s'élargit, remonta aux principes. On me reprocha sa généralité. On me cria :

— Vous cherchez la pierre philosophale.

— Je ne la cherche pas : je l'ai trouvée.

— Quel est son nom ?

— La liberté.

Les lignes suivantes d'un de mes discours, dont par extraordinaire j'avais pris note, indi-

quera le caractère des luttes qui se livrèrent
sur ce grand mot :

« Je demande la liberté au nom de la morale
publique ; je ne demande pas la liberté de
renverser la morale. Je crois que sans morale
les nations ne sauraient être fortes et je crois
que sans être fortes les nations ne sauraient
être libres.

« J'examine les principes de morale sur
lesquels nos lois sont fondées, je trouve ces
principes insuffisants, et je veux la production
de principes nouveaux, non la destruction des
principes.

« Je combats la morale selon l'État, parce
que je la juge impuissante, mais je la combats
pour instaurer à sa place les solides fondements
de la responsabilité individuelle.

« Il n'est donc pas question pour moi d'abro-
ger tel ou tel article du Code qui nous régit,
mais de chercher sur quels principes doit être
établi le Code qui régira l'avenir.

« Eh ! ne serait-ce pas folie à nous d'être
d'accord pour vouloir la démolition pièce à
pièce de l'édifice que nous habitons, et de porter
impatiemment sur ses voûtes des mains
aveugles, si nous sommes destinés à disputer

ensuite sur ses ruines sans posséder ni les matériaux ni le plan concerté d'une nouvelle demeure ?

« Quand nous saurons ensemble vers quelles terres plus propices nous voulons porter nos pas, nous quitterons aisément les plages devenues arides et inhospitalières du passé. Mais si légitimes que soient les plaintes que nous arrachent les maux endurés, je ne m'arrêterai pas à une manifestation sans but, à une critique stérile.

« Après avoir constaté le mal, après en avoir sondé la profondeur, après en avoir déterminé la cause, j'en chercherai le remède ; et si je découvre que cette cause est le relâchement de la morale, l'affaissement des consciences, la substitution de la responsabilité de l'État à la responsabilité des personnes, je proposerai pour remède la liberté. Si je vois que la conscience publique traitée en mineure dépérit comme le corps de l'enfant parce qu'à son action est substituée l'action de lisières éternelles, j'arracherai les lisières. Laissez marcher l'enfant si vous voulez qu'il marche. Laissez agir la conscience si vous voulez qu'il y ait une morale. »

J'attaquai la morale d'État, le droit de l'État à sortir de son domaine, qui est la préservation de l'intégrité du corps social, pour entrer sur le terrain de la morale individuelle. Je réclamai la séparation de l'Église et de l'État, de la famille et de l'État, de l'enseignement et de l'État, de la morale et de l'État, comme point de départ de tout progrès et de toute réforme.

L'effet de ces déclarations catégoriques fut considérable, même hors de la salle de nos séances. En relevant la tribune publique, on n'avait pas prévu qu'il s'y produirait des doctrines de cette énergie et de cette hauteur. Le gouvernement s'inquiéta.

Nos séances, très attentives et très suivies, n'étaient plus qu'un dialogue courtois entre moi et les orateurs. Mon droit à l'interruption loyale et congrue était accepté. Il faut reconnaître qu'on en usait aussi plus que librement contre moi. Je n'ai jamais vu de débats à la fois si vifs et si lumineux. La salle était divisée en deux partis à peu près égaux : autant j'étais applaudi par l'un, autant l'autre m'accablait d'invectives et de dénégations sarcastiques.

A l'avant-dernière séance à laquelle j'assistaï, Longuet, l'un des coryphées du Wauxhall, fit, après mon discours, la déclaration suivante :

— Nous avouons ne pas être prêts à répondre aux arguments qui nous sont opposés. Nous demandons la remise à huitaine. Dans huit jours nous répondrons.

Acte fut pris de cette promesse, aux acclamations de toute la salle.

J'étais sorti l'un des premiers. Je songeai que j'avais à parler à Yves Guyot, qui était au bureau, et je revins sur mes pas. Je me heurtai contre le flot des sortants et m'enfonçai dans une embrasure de porte. Cette circonstance me permit de savoir de qui se composait mon parti dans la salle, ce que j'ignorais absolument. Tous les ouvriers du faubourg Saint-Antoine me serrèrent la main en passant, me disant chacun à sa mode :

— Courage, citoyen ! Nous sommes avec vous. Le peuple est moins bête qu'on ne croit. Il ne tombera pas dans le fossé où l'on veut le jeter. Nous vous comprenons parfaitement et vous pouvez compter sur nous.

Je fus extrêmement surpris de ce résultat, que j'étais bien loin d'attendre, d'autant que les lettrés me faisaient toujours un grand reproche de la complexité savante de mes idées.

— Nous ne vous comprenons pas, nous les docteurs : comment voulez-vous que le peuple vous comprenne ?

C'est peut-être qu'il a de bonnes raisons pour cela, et que, comme on dit, il n'y a pas de pire sourd que celui qui ne veut pas entendre.

Cinq ou six avocats, qui me parlaient pour la première fois, m'entourèrent à la sortie de la salle et m'accompagnèrent. Dans un entretien qui dura plusieurs heures, ils me poussèrent de question en question, et finirent par conclure que mes vues, quoique neuves et surprenantes, étaient d'un extrême intérêt, mais qu'elles ne devaient pas être exposées partiellement, qu'il était impossible de les induire sans en connaître toute la série, et que je ferais bien, pour les rendre sensibles et palpables, de les substantialiser dans un *schème* figuratif, dans un plan politique, un système social.

— Eh ! messieurs ! m'écriai-je, vous voulez que je limite moi-même l'idée ! Des principes excellents ont plus d'une fois été étouffés par ces figurations-là.

Cependant je fis le plan demandé, avec des précautions extrêmes, très défiant d'abord à l'endroit de sa valeur, qui s'est accrue à mes yeux depuis vingt ans par la continuité de la réflexion et de l'expérience. Pour en rendre l'application légale, il fallait remanier, dans le Code civil, tout ce qui concerne le droit des personnes. Je fis ce travail et donnai à imprimer mon code individualiste à l'imprimeur du Corps législatif, rue du Bac. Quelques centaines d'épreuves m'étaient promises pour l'heure de la séance. Je devais les prendre en passant; je les aurais distribuées avant de monter à la tribune. Je comptais ainsi frapper un grand coup : dans cette séance allait avoir lieu l'implantation de l'idée nouvelle, la formation d'une Ligue de la liberté armée d'un programme défini.

Devinez ce qui advint : je vous le donne en cent.

Je ne trouvai à l'imprimerie que des garçons de bureau. Je demandai l'adresse de l'imprimeur, celle du prote : ni l'un ni l'autre n'était chez lui. Je n'ai jamais reçu les épreuves ni revu la copie unique de mon code. On ne m'a jamais réclamé le montant de l'impression.

J'arrivai désarmé à la séance... Une salle à moitié vide. Longuet et ses amis ne parurent point. Pas un ouvrier. Horn et Longuet avaient déplacé le jour de la réunion du Wauxhall pour me priver de mon auditoire. Telle fut la réponse, si emphatiquement promis, du citoyen Longuet.

Je parlai : sourires ironiques ; silence glacial.

Girard de Rialle et Albert Castelnau, — deux positivistes, l'un depuis directeur aux affaires étrangères, l'autre député de l'Hérault, — m'avaient accompagné. Ils me dirent :

— Vous parlez devant des mouchards.

Ils m'emmenèrent, et plus ne fut-il question de la Ligue de la liberté !

Il y avait à Paris, en ce temps-là, un étudiant à idées originales.

Il ne croyait ni à la panacée des économistes, ni à la sagesse des doctrinaires, ni à la chasteté des dévots, ni aux vertus de la

bourgeoisie, ni au désintéressement des gens
du pouvoir, ni au génie politique des classes
gouvernantes, ni au pantagruélion parlementaire, ni aux promesses du libéralisme,
ni aux vertus des revenants de Février, ni à
l'amour de M. Jules Favre pour le peuple,
ni au zèle démocratique du jeune Léon Gambetta...

Bref, il ne croyait pas à grand chose. Il
animait de son scepticisme un journal quotidien qu'il appelait le *Courrier français*. Lui-
même se nommait Auguste Vermorel.

Son journal n'était pas à lui, comme vous
l'allez voir, et il n'y écrivait point toujours
tout ce qu'il voulait.

Un peu avant la farce de tréteaux de nos
réunions publiques, je rencontrai Louis de
Schryver. Il avait l'air consterné : je lui en
demandai la raison. Il me dit :

— Vermorel vient de me jouer un tour
pendable. Vous savez qu'il est mon ami. Il
me fait acheter le *Courrier français* trente
mille cinquante francs, et quand je les ai
versés, il me déclare tranquillement que le
journal, c'est lui, vu que toute la rédaction est
dans ses mains : du moment que je ne ferai

pas ce qu'il lui plaira, il se retire et me laisse seul avec ma feuille de chou. A-t-on jamais rien vu de si atroce ? Que me conseillez-vous de faire ?

— Une chose bien simple : Vermorel ne me connaît pas. Introduisez-moi dans la rédaction pour récolter... les faits divers, et dans huit jours vous ne serez plus à la merci de Vermorel.

Il goûta cet avis.

Le lendemain matin, à sept heures, je me trouvais chez Dubuisson, à la porte du journal. J'entrais avec les autres rédacteurs; je m'asseyais à la grande table ; je parcourais les journaux de province, prenais des notes.

Jacquot, Dubois et les autres me regardaient sans me dire mot.

A huit heures, Schryver arrive avec Vermorel ; ils passent, entrent dans une autre pièce. Là Vermorel dit à Schryver :

— Quel est ce monsieur que je ne connais pas ?

— Un de mes amis qui m'a demandé à venir ici lire les journaux et au besoin rédiger de petits entrefilets.

— Comment l'appelez-vous ?

Schryver me nomme. Vermorel reparaît et me dit :

— Monsieur Larocque, voulez-vous entrer dans mon cabinet ?

Schryver, un peu déconfit, nous y laisse seuls.

— Vous avez lu les journaux ? me demande Vermorel.

— Quelques-uns.

— Que pensez-vous de la situation ?

Sur ma réponse, il me remercie et rappelle Schryver.

— Mon cher Schryver, on ne me la fait pas, celle-là. Je n'ai rien personnellement contre Larocque. Mais il sortira de la rédaction ou j'en sortirai.

Schryver biaisa et provisoirement je restai. Schryver, par tactique, eut des difficultés avec Jacquot et demanda son renvoi. La guerre dura quinze jours, taquine et disgracieuse. Je dépouillais la correspondance, ce qui aigris-sait encore Vermorel.

Le soir du quinzième jour, je restai fort tard au bureau ; Jacquot et Vermorel restèrent aussi. On causa familièrement. Je ne savais à quelle bonne fortune attribuer cette accalmie. Je m'en applaudis. Il n'y avait dans mes sentiments aucune hostilité contre personne.

Heureux de ce nouveau pli que paraissaient prendre nos rapports, je dormis légèrement. Le soleil me réveilla à quatre heures et je vins à pied de Meudon. A six heures j'étais au bureau. Je dépouillai à la hâte la correspondance et mis en avance le travail du jour. Les matériaux de la presse de Paris, des départements et de l'étranger classés rapidement, je regardai l'heure.

Huit heures. Aucun rédacteur n'était arrivé.

Je fais monter le metteur en pages : rien sur le marbre.

Je fouille les tiroirs : pas une ligne de copie.

Aucune communication par correspondance : ni la lettre de Tolain, ni l'article de Siebecker; rien de nulle part.

Les chambres n'avaient pas siégé la veille. Tout le journal, sauf les annonces, était à faire.

Je le fis. A deux heures, je n'avais vu personne; mais le journal paraissait. J'avais signé de mon nom quatorze articles.

Ranc, à ce qu'on m'a rapporté, les lisant le

soir à haute voix au café de Madrid, jugeait ces quatorze signatures fort ridicules.

Je déjeunai à six heures du soir, sans quitter ma place ni cesser d'écrire. Je travaillai trente-six heures de suite, et le numéro du lendemain parut aussi, fait par moi seul.

Schryver vint alors. Il déclara qu'il ne s'était pas débarrassé d'un nabab pour en prendre un autre. Je continuai le journal avec le concours d'Alfred Deberle, de Planteau, d'Yves Guyot, de François Combes, de Fernand Papillon, d'Alcide Dusolier, à la condition de n'émettre aucune idée, de ne suivre aucune politique, payé du reste en maigres déjeuners. Schryver cherchait à le vendre au plus offrant : le gouvernement jugea superflu de l'acheter : il le fit supprimer par le parquet.

Vermorel, ganté de noir, et ses amis avaient reparu le troisième jour : ils furent poliment reçus, mais ne rentrèrent pas dans la rédaction.

En se séparant de Vermorel, Schryver avait tué le journal.

Vermorel était un vrai journaliste, et j'ai appris par lui la confection d'un journal quotidien. Je l'admirais distribuant à huit ou dix rédacteurs le dépouillement des journaux, dont toutes les coupures se groupaient par matières ; puis, parcourant ces dossiers improvisés, contruisant le numéro dans sa pensée, dictant le sommaire, répartissant la rédaction des articles, et en deux heures mettant ainsi sur pied un compte rendu net, complet, bien classé de la situation, envisagée d'un point de vue très arrêté.

Sa politique était entièrement personnelle et visait de loin hommes et choses. C'est un des rares publicistes que j'aie vus se tenir à l'écart des déclamations convenues et des mots d'ordre des partis. Il fut vraiment, à mon sens, dans la presse politique, le représentant le plus original, le plus hardi, le plus clair-voyant de ma génération.

Monsieur Louis de Schryver, vous avez eu tort : eût-on payé trente mille cinquante francs la collaboration d'un tel homme, on ne s'en prive pas à la légère, surtout pour ne mettre rien à la place. Le parquet, en exécutant le *Courrier français* entre vos mains, vous a rendu le service d'un martyre posthume, car le pauvret était déjà bien mort de vos œuvres.

Le *Courrier français* de Vermorel fut une puissance. M. de Rochefort a lancé, devant le

Corps législatif, une épithète odieuse, que beaucoup ont répétée. La vérité, à l'égard de cette accusation, paraît être que Vermorel dut, pour permettre au journal de subsister, se soumettre à la censure préalable du ministère de l'intérieur. Quelle qu'ait été l'étendue de ses concessions, son opposition, qui mettait chaque soir le faubourg en mouvement, fut jugée redoutable. Il a dû les attaques et les colères des faux démocrates à ce qu'en renversant les autels des hommes du 24 Février, il dénonçait d'avance la coalition pseudo-républicaine des hommes du 4 Septembre. Et c'est par cette sincérité et cette sûreté de vues qu'il a mérité que son nom figurât dans la courte nomenclature des vrais amis du peuple. Ce travailleur infatigable était une nature nerveuse et bilieuse toujours en fermentation, comme celle de Marat. Sa sensibilité inquiète n'excluait pas le courage froid. Il l'a montré par sa conduite aux avant-postes de la Commune et par la résolution qui dicta sa mort :

— Il faut que j'y passe ! dit-il tranquillement à son secrétaire, avec le zézaiement dont il était affecté.

Et il alla se faire tuer sur une barricade.

Cette immolation à la Curtius convenait aux vieillards qui avaient, comme Delescluze, depuis quarante ans, poussé le peuple aux espérances sans base et aux révoltes sans but. Ceux-ci étaient condamnés par l'événement, eux et toute leur œuvre. Vermorel ne l'était pas. C'était un Jeune. Il avait subi les conséquences de fautes qu'il n'avait pas commises. Il avait essayé de prémunir le peuple contre les erreurs qui l'ont perdu une fois de plus. La Commune de 1871 n'était point son ouvrage et ne répondait point à ses conceptions : son seul tort avait été d'en faire partie. Il a payé cher cette faiblesse.

Les élections de mai 1869 mirent le pouvoir aux mains d'une coalition d'intérêts décidée à en finir avec le fantôme plébiscitaire. Les bourgeois de Paris, comme un seul homme, votèrent pour les ennemis de la démocratie. Les mêmes habits noirs qui, la veille, par haine d'un gouvernement où ils n'étaient pas quelque chose, ou par le désir si naturel de voir du nouveau après dix-huit ans, ou simplement par l'envie d'être décorés, lisaient Proudhon, m'invitaient dans leur salon, m'appelaient leur *cher socialiste* et achetaient la *Lanterne*, devinrent froids en se sentant les maîtres et ne me reconnurent plus.

— Ouais! pensai-je, après les dix-huit années du régime des mécontents, allons-nous courir celles du régime des satisfaits? Nous serons frais au débotté.

A la veille des élections supplémentaires de juin, qui mettaient en présence Jules Favre, Rochefort et quelques autres de même acabit, quoique n'étant pas beaucoup plus affolé de la seconde nuance rose que de la première, j'écrivis une Adresse aux Parisiens, où je les suppliais de déclarer nettement par leur vote qu'ils ne voulaient pas de l'enterrement des promesses de la Révolution et des espérances de la Démocratie.

Je portai mon article au *Rappel*. On me répondit, après un long examen en conseil :

— Vous pouvez avoir raison ; mais vous soulevez de trop graves questions ; il est trop tard; notre siège est fait.

Laurent-Pichat le mit sous les yeux de Delescluze, qui rédigeait le *Réveil*. Même réponse.

Le rose à reflets bleus triompha aux élections supplémentaires. La Démocratie, heureuse de jouer un mauvais tour à l'Empire manchot, éreinté, aveugle, s'était bellement enferrée.

Je criai comme un diable. Avant les élections de mai, quand on me demandait :

— Où allons-nous?

Je répondais :

— Ma foi, je n'en sais rien. Tout ce que je vois, c'est que nous n'avons qu'un fantôme de gouvernement, et qu'il n'y a rien de prêt pour le remplacer.

Après juin, le remplacement était opéré, et par ce qu'il y avait de pire. Jusque-là on s'était moqué du peuple en le caressant; maintenant on ne prendrait plus la peine de se gêner. La marionnette impériale jetée à bas, l'oligarchie financière et parlementaire, sous le nom de monarchie ou de république selon l'occurrence, irait son train, et l'on dirait à ceux qui se plaindraient :

— Que voulez-vous, bonnes gens? le tour est joué. Nous vous avions coiffés de l'empire parce que vous demandiez des réformes et que nous voulions garder nos sinécures et nos privilèges. Maintenant, nous ôtons notre paravent : si vous n'êtes pas contents, c'est que vous êtes bien difficiles.

Je n'aime pas plus qu'un Anglais à être *cheated*. Mot énergique dont *triché* ne donne pas l'équivalent. Il restait une partie à jouer : je la tentai.

Je ne suis point partisan d'une démocratie autoritaire, et je n'avais jamais cru aux professions de foi de l'empire démocrate. Quant à la plaisanterie de l'empire libéral, du vieux loup rachetant ses péchés en livrant sa peau tannée aux morsures de ses ennemis, j'en laisse tout l'honneur aux Ollivier, aux Duvernois, aux La Guéronnière, aux Paradol, aux Girardin, et autres replâtreurs gouvernementaux de même faribole.

Mais, dans mon instinct de paysan angoumoisin, il me sembla qu'ayant deux ennemis à combattre, l'empire décadent et l'oligarchie bourgeoise ascendante, j'avais intérêt à les mettre aux prises et à les faire s'entre-déchirer, de manière à permettre à la Démocratie de s'organiser entre deux et de prendre son essor.

Alors ce dialogue fut entendu dans les sphères dérobées aux regards profanes :

— Empire, mon ami, tu es bien sot. Pourquoi te laisses-tu déposséder ?

— Que veux-tu que je fasse ?

— Allons ! tu sais que je ne t'aime pas et que ton sort, vieux mécréant, ne m'intéresse guère. Mais si tu croules, tout croule avec toi ; j'ai besoin que tu dures. Faisons un traité. Assure-moi dix années de liberté scientifique, et je te conserve d'ici là : nous réglerons après tous nos comptes. Tes ennemis ne s'entendent pas entre eux ; ils n'ont aucune doctrine, aucune autre visée que leur intérêt. Ils veulent s'arracher la proie pour la dépecer, sans la nourrir, tandis que tu la nourris pour la tondre. La proie, c'est le peuple : laisse-nous lui faire comprendre où on le mène ; il te soutiendra.

— Que veux-tu lui faire comprendre ? Je ne comprends rien moi-même.

— Je rallierai les intelligences libres. J'écraserai l'imbécillité des intérêts. Je créerai une France nouvelle.

— Qui se passera de moi.

— Que t'importe ? Tu auras produit une grande œuvre.

— Ce que tu dis là est beau. Mais je n'ai

plus le cœur au ventre. Je me sens, en bon français, *foutu*.

— S'il en est ainsi, je ferai sans toi.

— Qui es-tu, pour me parler de la sorte ?

— Je suis l'Esprit national.

Cette conversation n'est pas textuelle ; elle résume les faits. Une note bien raide fut lue par les ministres.

— Elle est dure, me dit-on, mais peut être juste. Donnez-nous du temps. Nous n'avons pas le loisir de penser. Nous ne songeons qu'aux mesures à prendre pour ne pas être renversés du soir au matin.

En attendant, on m'offrait une place. Je haussai les épaules.

N'y a-t-il donc pas un homme de sens dans Paris ?

Je fis une démarche fantastique. Je frappai un matin rue Saint-Florentin, chez Granier de Cassagnac, le père. Je lui dis :

— Monsieur, je suis ennemi de l'Empire, et n'ai point l'intention de devenir son ami. Mais j'aime la France, et je vois avec regret que l'écroulement prochain de l'Empire entraînera celui du principe du pouvoir, nécessaire à la liberté. L'anéantissement de la Démocratie, et peut-être de la nation, suivra. Il n'y a plus de doctrine politique; toutes les idées sont faussées : je viens vous offrir de publier dans le *Pays* des Lettres politiques sur le principe du pouvoir.

— Monsieur, me répondit avec gravité Granier de Cassagnac, dès à présent les colonnes du *Pays* vous sont ouvertes; vos Lettres y seront insérées. Si vous désirez prendre part à la rédaction quotidienne du journal, je m'entendrai pour cela avec Gibiat. Je suis ici pour vous tous les matins : je respecterai la liberté de vos idées ; entre hommes comme vous et moi l'on s'entend toujours.

Le surlendemain, je lui lus ma première Lettre.

Aucune adhésion à l'Empire. Il fit une moue.

— Ce n'est peut-être pas tout ce que j'eusse pu désirer. Mais je vous ai fait une promesse et je la tiens. Allez demain soir corriger votre épreuve à l'imprimerie.

Le lendemain soir, à l'imprimerie, un secrétaire de la rédaction me dit :

— L'épreuve n'est pas prête. M. de Cassa-

gnac désire s'entendre avec vous pour la rédaction quotidienne.

Pour toute réponse, je réclamai ma lettre.

On m'avait parlé de cinq cents francs par
mois, et il n'y avait pas de pain à la maison.

Léo Joubert me suggéra l'idée de m'adresser au *Parlement*, qui lui paraissait se rapprocher de mes vues.

Ganesco me commanda des articles, et, les
jugeant bons, les mit au panier, suivant sa
règle.

Paul Perret, secrétaire de la rédaction, me
dit :

— Vous être bien naïf de croire que Ganesco
publiera un bon article qui n'est pas de lui.
Vous voulez entrer dans la rédaction? je le
regrette pour vous; cependant, si vous y
tenez, il y a un moyen, et il n'y en a qu'un :
entrez-y.

Je me rappelai comment j'étais entré au
Courrier français. Je fis de même. En arrivant
à huit heures du matin avec son état-major,
Adrien Bravais, le comte de La Guéronnière,
Saint-Félix, les Rouville *e tutti quanti*, Ganesco
m'aperçoit debout adossé à la cheminée. Il
vient à moi avec empressement, me prend la

main de ses doigts effilés, des doigts de femme :

— Eh ! bonjour, mon cher camarade ! Qu'est-ce que vous nous donnez aujourd'hui ?

Il se piquait d'économie politique et y défiait les argumentateurs les plus robustes. Trois jours après mon entrée dans la rédaction, comme j'apportais mon article à sept heures du matin, ne m'étant pas couché de la nuit et pressé d'aller dormir, il m'aperçut.

— Vous venez à propos, mon cher camarade. Nous recevons à l'instant même le Budget de Magne. Il nous en faut une dissection impitoyable. C'est votre partie, prenez votre scalpel sans désemparer, et taillez dans le vif.

Il me demandait l'impossible, le sachant bien. Je n'avais de ma vie ouvert le livre du Budget et je n'avais aucune notion de comptabilité financière.

Si j'avouais mon incompétence, si j'arguais de l'énormité de la besogne, ou si je commettais une erreur de supputation ou de critique, j'étais perdu, et le malicieux Byzantin y comptait bien.

A cinq heures du soir, je remis une critique complète et parfaitement exacte du Budget de

Magne, dont je relevais tous les subterfuges.

Depuis ce jour Ganesco ne voulut plus entendre parler des questions économiques. Il me les renvoyait. C'était une manière de faire entendre que je ne comprenais rien à la politique, où il se déclarait incomparable.

J'avais, en somme, joui de plus de liberté au *Parlement* sous sa direction que lorsque j'en fus affranchi : alors les propriétaires du journal eurent peur de moi, et il devint terne par ordre. J'ai partout constaté que rien ne peut être créé que par une initiative individuelle, mauvaise ou bonne, et par le pouvoir d'un seul.

J'ai soutenu énergiquement dans ce journal le principe du pouvoir établi contre la coalition orléaniste. Opposer comme une armure le gouvernement impérial aux oligarchies de tout ordre, en faire la chose de la Démocratie par communauté d'intérêt et l'instrument des réformes, le raffermir au lieu de l'énerver et remplacer les libertés factieuses par les libertés organiques : tel fut mon programme. L'Empire de 1852 avait été le masque des réactions : celui de 1870 devait être le prête-nom de la Démocratie autonome organisée. Je marchais avec une très ferme assurance vers ce but, et les gens du pouvoir ne s'y sont pas trompés. Non seulement je gênais les impérialistes libéraux, qui n'étaient que la coalition déguisée ; mais les bonapartistes purs s'effrayaient du rôle auquel je voulais employer leur fétiche. Tandis que je soutenais presque seul le principe de l'empire autoritaire sans concession, Leverrier et d'autres sénateurs, à ce qu'on m'assura, demandèrent à l'empereur ma déportation sans phrases, et je figurai l'un des premiers sur les listes des hommes qui devaient être supprimés en cas de coup d'État.

Ma politique du *Parlement* m'a été souvent reprochée. Je crois encore que c'était la plus sage qu'on pût suivre alors, et que la position était meilleure pour les réformes démocratiques sous l'Empire qu'elle ne l'a été depuis sous le régime des intérêts oligarchiques sans contre-poids.

Du reste, les réformes que je réclamais n'étaient pas des réformes sur le papier, ni des expédients, ni des dérivatifs qui déplacent le mal sans le guérir, ni des substitutifs qui l'aggravent en affaiblissant l'organe, ni des fraudes tendant à dissimuler des fautes en élargissant les responsabilités officielles et la main-mise de l'État sur l'épargne et sur le travail ; c'étaient des réformes fondamentales et organiques, résultant d'une reconstitution libre de la vie sociale.

Je tenais que toutes les réformes partielles et instituées par ordre ne peuvent qu'aller contre leur but, et je m'en appliquai franchement avec M. Du Miral, banquier et député ami de l'Empire, qui se proposait de présenter officieusement un projet de dégrèvement de l'agriculture pour rétablir la confiance dans les campagnes. Il me soumit son plan, et dans deux conférences de plusieurs heures, je lui démontrai l'inanité du projet, que le gouvernement abandonna.

Sans flatter l'Empire ni rien accepter de lui, je défendis son principe comme le bien du peuple, jugeant que, son divorce avec l'oligarchie étant accompli, il n'avait plus d'autre issue honorable que l'affranchissement de la nation.

Cet affranchissement était possible puisque je ne demandais pas à l'État d'intervenir, mais de se dessaisir, jugeant que le mal économique vient principalement des privilèges constitués par l'État.

II

LA GRÈVE DU CREUSOT

Je n'avais, depuis mon aventure du Pré-aux-Clercs, mis les pieds dans aucune réunion publique. Un soir, par hasard, j'entrai dans une salle de Plaisance où l'on dénonçait l'infâme capital et la tyrannie industrielle, devant quelques centaines d'ouvriers. Voyant que l'on abusait ces pauvres gens, je leur demandai la permission de monter à la tribune, et là j'essayai de leur faire entendre qu'un État collectiviste chargé de régler la production et les salaires anéantirait la liberté sans bénéfice pour personne.

— Le capital et la liberté industrielle, leur disais-je, ne sont pas naturellement vos enne-

mis. Sans sortir des principes du droit commun,
supprimez les privilèges financiers constitués
par l'État, et associez-vous pour régler la
consommation et la production : vous rétabli-
rez les équilibres. Si, au contraire, vous éten-
dez l'action de l'État à toute la matière économique, vous accroîtrez l'injustice.

Des exclamations violentes accueillirent
chacune de mes propositions. J'étais un ennemi du peuple. Le président de la séance me
dit, avec quelque irritation :

— Vous voyez que vous froissez les sentiments de tous.

— Eh ! répondis-je avec force, les tribu-
nes publiques sont-elles créées pour flatter
les erreurs du peuple ou pour l'éclairer ?

Le sentiment de l'équité l'emporta. On m'é-
couta en silence, et je me proposais de revenir
et d'achever de ramener ces braves gens à la
raison ; mais la police fit fermer la salle la
semaine suivante. Trois à quatre cents personnes s'amassèrent dans la rue. Je les invitai
à publier une protestation que je rédigeai dans
un café et que je signai le premier. Tous
signèrent. On y mit deux heures, attendant
dehors sous la pluie. Je passai la nuit, avec

deux assesseurs, à courir toute la presse, laissant dans chaque bureau une copie du document, que presque tous les journaux ont inséré.

Bientôt après, j'eus l'occasion de reprendre
la question des garanties du travail sur le terrain même de la lutte industrielle.

Ce fut en janvier 1870, au Creusot.

L'Empire jouissait de deux présidents de
Chambre qui ne s'aimaient pas : l'un parvenu
de Décembre, phraseur éloquent, au geste
large, descendu de son trône de vice-empe-
reur, las de tirer les ficelles gouvernementales,
repu de solennité parlementaire ; l'autre énig-
matique, fin, anguleux, à voix de crécelle,
type parfait de l'oligarchie industrielle, grandi
de toute l'émergence nouvelle de son parti.

Un jour Rouher, s'ennuyant au Sénat, les
bras ballants derrière son fauteuil présidentiel
et les yeux au plafond, se demandait combien
de têtes chauves écraserait le lustre énorme
suspendu là-haut s'il lui plaisait de dégringo-
ler et quelle dose d'intelligence sortirait lors
de ces crânes. Michel Chevalier répétait avec
son emphase de professeur les économiques
palabres qui n'apprenaient plus rien à per-

sonne. Rouher, pour sa distraction de grand homme tombé, imagina de jouer à Schneider un bon tour en lui jetant entre les jambes une grève de son usine du Creusot, en Saône-et-Loire.

Une espèce d'Italien nommé Assi, ouvrier mécanicien protégé de Schneider, hâbleur impudent à figure blafarde, sans morale et sans principes d'aucune sorte, qui me disait un jour : « Pour arriver à mon but, je marcherais sur le cadavre de ma mère, » — la bonne femme adorait ce bébé ! — servit aux fins de l'ennuyé du Sénat.

Mais Assi n'avait que de la pose, et ça ne marchait pas.

— Il nous faudrait quelqu'un qui enlève ça, dit Rouher à sa petite cour, un journaliste de Paris qui ait du chien et de la poigne.

— J'ai votre affaire, dit Ganesco, alors un de ses familiers ; mais à la condition qu'il ne sache pas pourquoi on l'envoie : c'est un garçon honnête, et il n'accepterait pas s'il savait.

Je répète ce détail d'après un article d'Assollant, dans la *Cloche*, qui parut lorsque j'étais depuis quinze jours au Creusot, du reste fort aimable à mon endroit.

Je fus, en effet, l'honnête garçon proposé. Ganesco m'appela :

— Il se passe au Creusot des choses graves. C'est votre affaire : vous êtes l'homme des réformes. Vous vous y instruirez sur place, ce qui vaut mieux que les livres. Voulez-vous y aller pour le journal ?

— Vous me donnez carte blanche, et tout ce que je vous enverrai passera ?

— Je vous le promets. Partez ce soir.

Il me prêta sa couverture de voyage, quoiqu'il vagabondât toutes les nuits et vomît le sang. Je pris le train express par un froid atroce. J'arrivai au Creusot brisé, fou de migraine, les pieds rompus par des chaussures trop courtes.

Un immense trou noir, bordé de parapets à pic ; des huttes noires étagées tout autour sur un sol de charbon et de fer ; une atmosphère épaisse et noire, des parcelles ferrugineuses projetées dans les yeux par un vent glacial : pas d'air, pas de soleil, pas de perspective, pas d'arbres, pas de nature, — voilà le Creusot.

Brr !

Vingt mille ouvriers, cinq mille marchands

ou officiers publics : tous également soumis au baron industriel.

Les ouvriers hâves, mornes, silencieux, immobiles, tassés sur les ponts et les talus.

Autour d'eux le va-et-vient des officiers et des soldats : une occupation militaire.

Je me fais conduire à l'hôtel du Commerce. Je demande des renseignements. Aucune réponse. Tout tremblait.

J'avais une lettre pour un contre-maître, qui occupait une de ces cabanes noires bâties sur la colline de fer. Il y avait là une famille, silencieuse et morne comme tout le reste. On lut la lettre. Pour toute explication, on m'offrit de partager une soupe noire. Quoique n'ayant rien pris depuis la veille, la migraine m'interdisant l'appétit, je m'excusai.

J'errai. Les naturels dont je m'approchais fuyaient. Je me crus au fond du moyen âge, dans une bourgade atteinte de la peste. Je dus envoyer à Paris un étrange télégramme ce soir-là.

La nuit vint vite. De rares réverbères jetaient des lueurs blafardes dans la vapeur lourde. Mais les hauts fourneaux qui n'étaient pas encore éteints éclairaient les fonds de flammes fantastiques auxquelles se mêlait l'éclat rouge des feux de bivac. Les machines en branle hurlaient pitoyablement comme des damnés de l'enfer. Suspendu au bord de cet abîme de désolation, je représentais assez l'une des figures des illustrations de Dante Alighieri par Gustave Doré.

J'eus la fantaisie de visiter l'intérieur du gouffre. Un escalier étroit taillé de biais dans le rocher, me conduisit par une centaine de marches vers un feu de bivac où j'allumai mon cigare, mêlé aux officiers et aux soldats. Je traversai le poste et m'engageai dans des couloirs obscurs où, paraît-il, on passe difficilement en plein jour. Heureusement il était dix heures du soir et je ne voyais pas le danger. Les machines hurlaient autour de moi ; je percevais des suintements bizarres, des bruits et des craquements incompréhensibles. Très timide et impressionnable de ma nature, je me suis depuis mon enfance imposé de vaincre ma peur pour ne pas être vaincu par elle. J'allais donc, poussé par l'effroi, et parce que je ne sais pas revenir en arrière. Enfin ma route s'éclaircit, je me trouvai sur un chemin de fer, et je marchais bravement au milieu, me disant que j'arriverais bien quelque part...

Lorsque j'entendis des cris dans le lointain.

Je tournai la tête. On me suivait. Une douzaine d'hommes armés de torches accouraient vers moi.

Je m'arrête. Deux messieurs s'avancent et me crient :

— Qui êtes-vous ?

—. Qui êtes-vous vous-mêmes pour me poser cette question ?

— Nous sommes les ingénieurs de l'usine.

— Je suis donc dans l'usine ?

— Vous ne le saviez pas ?

— Ma foi non.

— Où croyiez-vous être ?

— Mais sur la grand'route.

— C'est un peu fort.

— J'ai trouvé un chemin ouvert devant moi et je l'ai suivi.

— Nous verrons après quel chemin vous avez pu suivre ; mais veuillez d'abord nous dire qui vous êtes.

Cet échange rapide de paroles avait lieu à distance. Je fis quelques pas et je tendis ma carte, qui fut reçue avec précaution. On lut après mon nom cette qualité :

— Professeur de mythologie comparée à la Sorbonne.

Que diable venait faire la mythologie dans ce cul de basse-fosse ?

Mes interlocuteurs se regardèrent, fort surpris, et me dirent avec politesse :

— En tout autre moment, monsieur, nous serions charmés de votre visite, et nous nous empresserions de vous faire les honneurs de nos ateliers ; mais vous avouerez que la circonstance et l'heure de cette exploration ont été singulièrement choisis par vous.

— Assurément, si j'avais cru explorer quelque chose. Je me trouve chez vous à mon insu, je le répète. Je ne connais point le pays, et en vous remerciant de vos offres gracieuses, je ne vous demande que de me remettre sur le grand chemin.

— Avec plaisir ; mais nous allons vous en faire suivre un autre que celui que vous avez pris, et qui est extrêmement dangereux.

Une escouade m'accompagna par des sentiers qui suivaient le talus et d'où j'aperçus de vastes bassins remplis d'eau sous lesquels il fallait que j'eusse passé.

Mes guides ne répondirent à aucune de mes questions. Ils me firent franchir le parapet et me laissèrent sain et sauf sur le rempart sans m'avoir adressé une parole.

Cette aventure, immédiatement portée au château, — on appelait ainsi la maison du seigneur Schneider, — y fut contée à Chabrillat, qui était un des familiers du logis, et parut le lendemain dans le *Figaro*.

Chacun l'interpréta comme il voulut.

Mais il y a une suite. J'étais encore à jeun. J'entre au café. Je demande à dîner. On m'installe dans une salle annexe. Le patron en personne me découpe une volaille. Cet homme me regarde attentivement, me fait causer, devient inquiet, voudrait évidemment me voir ailleurs.

— Servez-moi le café dans la grande salle ?

— Pourquoi pas ici ?

— Pourquoi ici ?

— Ma foi, mon cher monsieur, ce n'est pas que votre compagnie me soit désagréable ; bien le contraire ; cependant... Je ne peux pas vous dire, enfin je m'entends.

Je n'écoute pas ce qu'il bredouille ; je me lève et vais m'asseoir au seul coin de table de la grande salle qui soit vide. La salle est bondée d'officiers et de bourgeois. Un remue-ménage se fait autour de moi ; je n'y prends pas garde. Il me semble pourtant que tous les regards sont fixés sur moi.

Le patron s'approche de nouveau au bout de vingt minutes, et me dit bas :

— Des messieurs qui sont de l'autre côté de la salle vous prient de leur faire l'honneur d'accepter à leur table un petit verre.

Je regarde les bonshommes qu'il me désigne. Inconnus. Mais comment refuser une politesse qui a sans doute un motif ?

— Ce sont de riches négociants de la ville. ajoute le bienveillant limonadier, et vous pouvez avoir en eux toute confiance.

— Voilà, me dis-je, un singulier pays, où les négociants offrent des petits verres aux journalistes sans les connaître.

Les gros hommes, — ils étaient gros, — me font asseoir à côté d'eux et me disent, après de longues précautions :

— L'ingénieur et le commissaire de l'usine sont venus tout à l'heure s'asseoir à côté de vous. Ils ont été remplacés par des agents de la police. Nous avons craint qu'il ne vous arrivât quelque ennui ; car nous voyons bien pourquoi vous êtes ici, et c'est pour cela que nous vous avons fait prier de venir à notre table.

Je les remerciai de leur obligeance, en ajoutant que je ne croyais avoir rien à démêler avec les personnes qui se dérangeaient si bénévolement à cause de moi.

Et j'allais leur tendre, pour trinquer, le petit verre qu'ils avaient fait emplir à mon intention, lorsqu'ils posèrent le leur en jetant du côté de la porte des regards d'effroi, et me dirent vivement :

— Si nous avons un conseil à vous donner, c'est de ne pas rentrer cette nuit à votre hôtel.

Après quoi ils ne m'adressèrent plus la parole.

Ne pas rentrer à mon hôtel ? Où donc serais-je entré, dans ce pays noir ?

Je vis s'avancer la cause de leur terreur. Deux gendarmes immenses, énormes, lentement, après avoir pris du regard les indications utiles, s'approchèrent de la table où je me trouvais. On leur fit place à ma droite. Ils s'affermirent sur leurs larges bottes, bouffirent leur face rouge, soufflèrent sous leur plastron, donnèrent du jeu à leurs muscles, s'assurèrent que leur ceinturon était bien attaché, et prirent siège.

Sans me soucier d'eux, je rentrai me coucher, et dormis tranquillement jusqu'au matin.

Le télégraphe probablement veilla pour moi.

En m'habillant le matin, je n'étais pas plus avancé que la veille. J'essaie de faire causer les gens de la maison en déjeunant : mes questions glissent. Je descends au café. A mon approche, on s'éloigne; la salle se vide.

Je commençais à trouver ma mission fort singulière. Les écoles de sagesse prétendent qu'on s'initie soi-même; je ne pouvais cependant pas m'initier seul aux mystères de ce pays de muets.

Je regardais mélancoliquement le poêle de faïence, en me chauffant le bout des doigts...

Trois jeunes gens jouaient aux cartes au le fond de la salle. L'un d'eux s'approche vivement de moi, et me dit :

— Allez au café Badoit, à gauche au fond

de la rue. Demandez tout bas à la dame du comptoir... *Assi.*

Et il me laisse aussi agilement qu'il était venu.

— *Assi !* Qu'était-ce que ce mot d'ordre ? Me voilà transformé en conspirateur. Allons-y !

J'arpente la rue, je découvre le café indiqué, je m'approche de la dame de comptoir ; je lui dis avec ma plus exquise politesse, le chapeau à la main :

— Assi.

— Monsieur, je ne vous comprends pas, me répond-elle toute rouge.

Peut-être que je l'ai insultée. Je sors du café, je reviens sur mes pas...

Un ouvrier débouche d'un coin de mur, me frôle rapidement et me jette en passant :

— Suivez-moi.

J'obéis. Je le suis de loin. Il entre dans une grande maison délabrée. J'y entre après lui. Au pied de l'escalier, il me dit :

— Tout en haut, la porte à gauche. Là vous trouverez Assi.

— Je vous attendais, me dit le président nominal du comité de la grève. Nous sommes mal ici pour causer ; je suis assailli d'importuns à chaque minute. J'irai vous réjoindre dans deux heures, à votre hôtel. Je connais votre chambre.

Il me présenta un de mes voisins d'hôtel, Achille Dubuc, l'envoyé de Rochefort pour la *Marseillaise*. Je les retins à dîner dans ma chambre. Par eux j'eus des renseignements vagues. Impossible de savoir ni le fond ni la situation des choses. Grève ou pas grève? Là était la question, qui ne fut jamais tirée au clair. Assi était plein de réticences, attentif surtout à ne pas dire. Dubuc ne jurait que par Assi... Comme je les pressais à la fin du dîner, l'hôtelier entra, dit quelques mots à voix basse. Assi, pâle, s'enveloppa brusquement d'une houppelande brune qui lui cachait le visage, et sans lâcher une parole fila. Dubuc prétexta le désir d'aller au théâtre et me laissa seul.

Seul, quand le pain de vingt mille ouvriers et les conséquences incalculables de la grève étaient en cause! Assi jouait faux: c'était évident. Dubuc jouait faux. Tous les autres reporters de Paris recevaient leurs instructions du château. Les ouvriers ne savaient à qui se fier. La population tremblait...

Seul! Mon cœur battit. A ce peuple ignorant, épouvanté, geignant sous la botte des hauts barons de la féodalité financière, il faut un conseiller qui pense et qui veuille. Je restai plusieurs heures plongé dans une méditation douloureuse. J'en sortis armé d'une idée. Ah! Gregory Ganesco le Valaque avait eu l'œil fin en lançant mes indignations dans cette géhenne!

J'avais aisément reconstruit d'imagination la vie affreuse de ces forgerons et de ces mineurs. Le défaut de tout confort social, la privation des sourires de la nature, le sevrage de toute joie étaient les moindres de leurs maux : la servitude en était le pire. Leurs salaires étaient minimes ; mais ils ne les touchaient pas. Les réductions afférentes à la caisse de retraite étaient obligatoires ; mais cette caisse n'était pas entre leurs mains. Les contre-maîtres étaient durs ; mais les marchandeurs étaient féroces. La haute administration était avare ; mais elle ne voyait rien et ne savait rien. Le travail était pénible ; mais il fallait le payer de bassesses et donner des pots-de-vin pour l'obtenir. Les secours alloués aux blessés et aux infirmes étaient dérisoires ;

mais ceux à qui ils étaient destinés ne les recevaient pas. Les plaintes des misérables n'auraient point attendri les hauts barons et leur géniture ; mais elles ne parvenaient pas jusqu'à eux. La vue des enfants condamnés en naissant à partager cette existence de forçats ne pouvait produire que la tristesse ; mais l'administration s'emparait des enfants pour les conduire à ses fins par une éducation servile. La sympathie naturelle entre infortunés était interdite par la défiance mutuelle et par une surveillance inquiète. Cette masse humaine était transformée en un fourmillement de muscles souffrants qui travaillent sans espoir et sans amour... Ah ! Rouher avait été bien inspiré de me faire assister à ce spectacle du servage moderne !

Le commerce même de la ville était soumis à l'administration de l'usine, par suite de l'odieux système des paiements en nature. L'administration intervient dans les comptes ouverts outre l'ouvrier et les marchands, qui deviennent des sortes d'intendants industriels, analogues aux intendants militaires. L'ouvrier est obligé d'accepter des marchandises qui lui sont onéreuses ; il n'a le contrôle ni du prix

ni de la qualité. Son habitation est l'objet
d'un autre compte direct avec ses maîtres,
sans contrôle de sa part. Dès qu'il est forcé
d'entrer dans l'engrenage d'un prétendu
compte d'avances, il ne touche plus de numé-
raire, il est hors la liberté économique et
définitivement asservi.

Rien dans la vie libre de Paris et dans le
franc parler de ses ateliers, rien dans la fami-
liarité besoigneuse mais humaine de nos campagnes charentaises à ciel ouvert ne m'avait
offert l'à peu près de cette barbarie industrielle
dont j'ai retrouvé l'aspect en Angleterre, entre Birmingham et Wolverhampton, dans la
Black Country, le Pays noir. Je n'avais pas
rêvé ces soupiraux de mines dont les fouis-
seurs, classés par la statistique parmi les êtres
humains, brutes aux traits flétris, au regard
dur, au front hâve, esclaves de la houille, sont
devenus étrangers à tous les instincts nobles
de l'être et ne présentent plus les caractères
fiers d'aucune race.

C'est, dit-on, la fatalité industrielle. Pour
que le Creusot produise des locomotives qui
fassent concurrence aux fabrications anglaises
sur le marché anglais, il y faut ces vingt mille

esclaves… Eh bien, non ! il ne les faut pas. J'ai horreur de la Grève, qui arrête la production et ne résout rien ; mais puisque l'iniquité est à son comble, puisque la fermentation du malheur a soulevé ce magma grouillant de consciences obscures, puisque la Grève s'est dressée, saluons Sa Majesté destructive, et de son sein maigre arrachons l'enfant de la douleur : la Révolution industrielle.

J'envoyai à Paris un grand article, où je ne dis rien, mais frémissant d'émotions et de pressentiments.

Imprimés à Paris en gros caractères, sur la première page du *Parlement,* mes articles et mes télégrammes étaient lus en France et hors de France et répandaient l'anxiété de l'attente.

Le matin, mon plan était tracé.

Pendant que je déjeune dans ma chambre avec Dubuc, on nous amène, de plusieurs lieues, un pauvre homme qui a eu le pied coupé dans le travail par une machine, il y a de cela des années, et qui n'a jamais reçu d'indemnité. Dubuc avait des larmes pour ces misères, mais rien que des larmes.

Nous nous rendons chez Assi. Avec son flegme hautain, il recevait les délégués des divers groupes dans une impassibilité de sphinx, et leur répondait imperturbablement:

— Attendez !

Attendre quoi? Lui-même le savait-il? De qui recevait-il ses ordres? De Schneider? du gouvernement? de l'Internationale? de l'Angleterre? Peut-être de tous. Le téléphone n'était pas encore inventé : Assi en servait pour la grève, communiquant avec quiconque ; mais les messages s'arrêtaient à lui.

Il nous retint à dîner. La soupe fumante et le petit vin âcre du pays nous réchauffèrent. Les pieds près du feu, après le dessert de noix et de fromage :

— Une grande chose, dis-je, serait à faire. Je n'aurais pas créé la fermentation, et je ne l'ai pas désirée ; mais elle existe, et il nous appartient peut-être d'en tirer œuvre vivante. Un grand nombre d'usines attendent de celle-ci le mot d'ordre ; la Démocratie est inquiète, la France est attentive, le monde regarde cette lutte. L'idée qui jaillira d'ici, sous une forme organique, sera immédiatement saisie, répandue de toutes parts comme une semence féconde. Le problème économique actuel résolu, que de maux évités ! la révolution, la guerre sociale où le pays peut sombrer, franchies par l'intelligence et la volonté de quelques hommes !

— Mais quelle idée ? demandait Assi, dont les regards s'enflammèrent.

— L'idée, dis-je, la voici.

Je résume les conclusions dont je développai devant Assi et Dubuc tous les termes :

Liberté de l'industrie. Indépendance réciproque du patron et de l'ouvrier. L'atelier régi par une charte. Cette charte garantie par un conseil des ouvriers. Les différends entre le patron et le conseil soumis à un arbitrage de délégués des deux chambres syndicales adverses. Arbitrage supérieur en cas de besoin. Les questions d'intérêt plus étendu soumises à des assemblées réunissant les corps d'industrie intéressés. Statistique, informations, règlement de la production, du commerce, par les mêmes moyens d'ordre social, moral, libre, en dehors de toute contrainte légale, de toute action de l'État. Limitation de l'État. Restitution des centres de vie locale...

Dans ma pensée, l'application de ce programme était destinée à mettre fin à l'anarchie industrielle.

Assi et Dubuc accueillirent ma proposition avec un enthousiasme qui me parut sincère. L'initiative que je leur offrais pouvait, à défaut de l'ambition supérieure de faire le bien, flatter en eux les instincts vulgaires d'intérêt et de vanité. Assi, c'était le Creusot ; Dubuc, c'était la *Marseillaise* et Rochefort. L'idée, une fois lancée, continuerait son chemin d'elle-même et ferait sa trouée.

Un instant je pus croire que, devant cet humble foyer, dans cette chambre nue, venait d'être marqué le point de départ d'une nouvelle ère.

Assi ne parut pas au rendez-vous pris pour le lendemain à mon hôtel ; mais deux envoyés d'un homme que je ne connaissais pas, — il s'appelait Janin, — vinrent m'inviter, ainsi que Dubuc, à me rendre à une réunion secrète du comité de la grève.

Nous gagnâmes ensemble, Dubuc et moi, le point indiqué, à une lieue du Creusot, dans une cabane isolée, entourée de monticules couverts de pierres noires.

Des vedettes furent placées sur les hauteurs.

En entrant dans la cabane, je vis pour la première fois Janin. Ses yeux se fixèrent sur les miens. Sans échanger une parole, nous nous comprîmes.

Je devinai que celui-là était l'inspirateur du mouvement, le véritable chef de la grève.

Janin avait visité les principales usines d'Europe. Il était en relations avec les comités secrets des ateliers de cinq départements métallurgiques. C'était une intelligence et une volonté : il lui manquait la puissance de la parole.

Dès le début de la séance, je fus invité à donner mon avis, moi qui ne savais ni pourquoi nous étions là ni qui nous étions. La prudence me conseillait de m'excuser : un instinct plus puissant m'ordonna de parler.

Janin écoutait et se taisait. Dubuc, la tête basse, faisait des barres sur du papier blanc. Assi... se promenait, me dit-on, dans le jardin. Les autres se défiaient.

J'exposai la situation ; la nécessité d'agir, de vouloir ; la direction rationnelle de cette action, de cette volonté. Je parlai longtemps, une demi-heure peut-être, au milieu d'un silence glacé.

Je cessai de parler ; mais autour de moi on ne cessa pas de se taire... Devant ce silence d'effroi, je me levai de nouveau, et je recommençai à parler.

J'obtins, cette fois, des réponses, toutes hostiles ou évasives, particulièrement de la part des mineurs. Personne ne me soutint. Une troisième fois je pris la parole, répondant aux objections qui m'étaient faites... Et il arriva que mes conclusions furent votées à l'unanimité des membres présents.

Mais il fallait aussi les écrire. Je pris la plume, et, avec tout le développement que comportait ce grave sujet, je traçai les prolégomènes des décisions du comité. Après quoi je laissai les conspirateurs régler entre eux les points particuliers de leurs demandes.

Je partis seul avec Dubuc. La nuit couvrait déjà les chemins. Dubuc me dit, dans une épouvante de ce que nous venions de faire :

— Nous sommes perdus. Nous allons être arrêtés, déportés peut-être. Pourquoi avez-vous écrit ?

— J'ai écrit notre défense, répondis-je. Déportés, cela se peut ; mais, du moins, pour une cause définie. Nous ne serons pas jugés sur de faux rapports, et si nous souffrons, notre souffrance portera fruit.

Janin devait, dans la nuit, faire imprimer la rédaction des prolégomènes et des résolutions du comité chez Landa, à Chalon-sur-Saône. Nous devions recevoir vingt mille exemplaires le lendemain avant midi...

Nous ne reçûmes rien ; nous ne vîmes personne. Assi, invité à déjeuner, ne parut pas.

A une heure et demie, nous descendîmes au café, dont les habitués s'écartèrent de nous comme de pestiférés. A trois heures, le reporter du *Figaro*, M. Chabrillat, qui déjeunait chez M. Schneider, arriva accompagné...

D'Assi.

Aussitôt Dubuc demande du papier et écrit. Je lui dis à voix basse :

— Qu'est ceci ?

— Mais, un télégramme pour la *Marseillaise.*

— Montrez-le-moi.

Il me donne la feuille de papier et je lis :

— La grève est finie.

Je déchire cette feuille. Je dis à Dubuc :

— Je vous défends de rien télégraphier.

Et, me levant, à M. Chabrillat, d'un ton gai :

— Nous allons donc revoir le boulevard Montmartre. Il n'est que temps. On n'avale que du fer et du charbon dans cet affreux pays.

Assi, surpris, me regarda.

Il me dit, en sortant :

— Vous m'avez lancé un étrange regard.

— Je cherchais à comprendre le vôtre, répondis-je.

— Laissez-moi Dubuc pour un instant.

— Je le prends d'abord.

J'emmenai Dubuc dans un café rempli d'officiers.

— Parmi ces gens-là, dans notre situation ? Y pensez-vous ?

— Vous voyez bien que ce n'est pas ici qu'on viendra nous chercher.

J'écrivis à mon journal une lettre incompréhensible de quatre colonnes, ne signifiant que ceci :

— Que se passe-t-il au Creusot ?

J'irritais la curiosité universelle sans la satisfaire.

Sachant la poste et le télégraphe aux mains
de l'ennemi, à qui l'on communiquait tous
mes envois au journal, ma tactique défensive
était de donner à déchiffrer des énigmes, en
renvoyant toujours les révélations au lendemain.

Je rédigeai le télégramme de Dubuc.

Ensuite je lui dis :

— Il ne faut pas que nous soyons arrêtés
tous les deux ensemble. Le dernier libre aidera
l'autre. L'un de nous doit aller à Chalon
s'informer de Janin. Choisissez de partir ou
de rester.

— J'aime mieux rester.

Je rédigeai pour notre usage un alphabet
secret, et sans rentrer à l'hôtel, à peine vêtu,
en redingote légère, par une nuit très froide,
je partis pour Chalon-sur-Saône.

A minuit, je frappais chez Landa, l'imprimeur du Comité, qui ne m'ouvrit point, mais
chez lequel je dus dîner le lendemain, à la
condition de ne pas parler... politique.

A une heure, j'étais chez Josserand, l'avocat des grévistes. Il m'indiqua un hôtel et m'y invita à déjeuner aussi pour le lendemain.

Quant à Janin, ils ne savaient pas.

Personne ne savait rien, dans ces pays de l'Est. J'eus, quelque temps après, l'occasion d'écrire à Charles Boysset au nom du Comité : il répondit qu'il ne savait pas ce qu'on lui voulait.

On me retint deux jours, bien qu'on sût que Janin m'avait croisé et que, caché au Creusot, il m'attendait.

Je visitai la ville, fort curieuse, et les lecteurs de mon journal, qui attendaient avec impatience des nouvelles de la grève, eurent le plaisir de lire un long article archéologique et épigraphique sur Chalon-sur-Saône.

Le dépitant fut, pour Schneider, de trouver dans ma lettre suivante une description détaillée de son usine du Petit-Creusot, que j'étais allé me faire montrer dans toutes ses parties, après avoir traversé en bateau la Saône couverte de glace.

Quand, las d'être joué par Landa et Josserand, je revins au Creusot, il faisait nuit. Des

affidés guettaient l'arrivée de chaque train.
Deux hommes m'accostèrent brusquement au
coin d'une ruelle et me firent descendre un
escalier de pierre et entrer dans une salle
basse...

Là était Janin, avec les principaux chefs
du mouvement.

Je cherchais quelqu'un du regard. On
devina :

— Vous cherchez Assi. Nous ne le recevons
plus parmi nous. C'est un traître.

— C'est pour cela qu'il faut le recevoir. Il
sera moins dangereux au milieu de nous que
tenu à l'écart, nous le verrons faire.

On l'admit froidement, présenté par moi. Je
le tenais par les déjeuners, et je l'employai,
quand je partis, à attacher ma malle.

Il faisait le beau devant les bourgeois, ne
se cachait plus, était parfaitement insignifiant,
songeait à devenir journaliste. Comme il
n'était rien et ne pouvait rien dans le Comité,
ses attaches secrètes au dehors m'inquiétaient
peu, et pour occuper l'esprit des badauds de
Paris, je leur envoyai son portrait... Ce portrait fit des petits, comme il me dit un jour sur
le boulevard Montmartre : il était alors pré-

sident du Comité central de la garde nationale de Paris, et comme tel il me fit arrêter peu de jours après à l'Hôtel de ville (25 mars 1871).

Ce qui prouve qu'il ne faut pas jouer avec les poupées à ressorts.

Quant à Dubuc, Rochefort le rappela dès mon retour au Creusot. Assi l'avait regagné. Il se battit en duel avec Chabrillat, je ne sais pourquoi, et fut blessé. Il devint commissaire de police au 4 septembre.

Mon programme était accepté de tous points par le Comité, du moins je ne sus pas qu'il en existât aucun autre. Ni réticences, ni objections.

Je résume ce programme :

La révolution économique opérée sur une charte octroyée par le patron, acceptée par l'ouvrier, garantie par un comité intermédiaire.

Le régime parlementaire appliqué au travail.

Le patron informé des besoins, des doléances de l'ouvrier relevé dans sa dignité.

La soupape de sûreté ajoutée à la machine sociale. Les parasites odieux écartés, les causes d'irritation supprimées.

Voilà le cri du Creusot. Voilà la cause de tant d'effroi à Paris. Voilà ce qui a motivé les mensonges de la presse bourgeoise et les objurgations du monde bien pensant.

Ce n'était pas précisément ce que Rouher aurait voulu, et cela ne faisait pas les affaires de ce journalisme financier qui se dit ami du travailleur pour lui dérober les gros sous de la petite épargne.

On attendait les désordres, et les désordres ne venaient pas.

Les lecteurs de mes lettres espéraient assister à des scènes de cannibales : je leur servais un régal académique.

Je me payais à moi-même le plaisir de colporter mes numéros par centaines et de les distribuer parmi les groupes au nez de messieurs les officiers qui n'avaient personne à pourfendre et qui cherchaient des filles avec qui danser pour tuer le temps dans ce chien d'endroit.

On me disait : Prenez garde, ne sortez pas le soir; il vous arrivera malheur.

Et comme je n'ai jamais su prendre garde, j'étais gardé à mon insu par les ouvriers, dont les escouades se faufilaient derrière les maisons et me suivaient.

Je continuais à dire chaque matin à mes lecteurs :

— Vous allez voir ce que vous allez voir !

Ils écarquillaient les yeux et ne voyaient rien... Il se passait pourtant quelque chose.

Les cinq départements métallurgiques de Janin avaient les yeux tendus vers le Creusot, prêts à suivre le signal donné.

La grève était organisée à demi, suspendue comme une menace. Mais on avait compris que la grève c'était la ruine, et on avait cherché un moyen de lutter qui fût aussi un moyen de vivre. Nous préparions l'établissement d'une usine coopérative à une lieue du Creusot. Nous avions les terrains, le fer, la houille, les ouvriers... Par la presse, nous aurions l'argent.

On n'avait pas prévu cette issue au Luxembourg.

Hélas ! un télégramme de onze lignes qui donna le premier et unique vent de la chose suffit pour tout perdre.

L'immunité dont je jouissais était assez inexplicable, et je ne sais si je la dus peu ou prou à Adolphe Ollivier, qui m'avait dit en 1859 : « Quand on offrira un ministère à Émile, il l'acceptera ; » mais n'avait pas ajouté : « Et je serai son chef de cabinet. »

Le fait est que, sur le vu du télégramme effroyable, l'immunité cessa. Émile déclara que, si je ne revenais pas immédiatement, j'allais être arrêté.

La grève, la révolte, la ruine ! à la bonne heure : cela épouvante le bourgeois et le paysan, et la répression mate l'ouvrier et prouve que le gouvernement a de la poigne... Mais le travail coopératif, l'ouvrier se passant du capitaliste ! c'est plus sérieux.

La direction du journal fut embarrassée. M'enjoindre brusquement de revenir n'était pas sûr, car s'il m'eût pris la fantaisie de me laisser arrêter et de me donner pour tribune, armé comme je l'étais, la barre d'une cour d'assises, je pouvais être gênant. Pour qu'on pût me faire disparaître sans jugement, j'avais trop agité l'opinion...

Paul Perret, qui a l'esprit fin, et qui, sans partager mes idées réformistes, en estimait la sincérité, avisa un biais.

J'avais demandé au journal, et particulière-

ment au bonhomme Adrien Bravais, d'ouvrir
la souscription pour la Société coopérative du
Creusot. Perret me télégraphia que, la question étant grave, on désirait me voir pour en
conférer.

Inquiet, je portai ce télégramme chez Janin,
où je trouvai sept ou huit de nos amis. Janin
pleura.

Ils se sentirent perdus : ils l'étaient.

Je dus quitter, — j'ignorais que ce fût pour
toujours ! — cette admirable population du
Creusot, si laborieuse, si honnête. Là point de
passion politique, démagogique, révolutionnaire, se payant de théories vagues, mais un
vif sentiment du droit de chacun ; mais l'a-
mour du travail, de la justice, du progrès, du
bien. Voilà ce que je vis et entendis durant
les semaines que je vécus avec ces braves
gens.

Je laissai en partant la place vacante pour
les factions ambitieuses et les sociétés secrètes.
Une grève violente éclata en mai. Elle fut ré-
duite par la force. Le sang coula. Les meilleurs
ouvriers se dispersèrent ou périrent. Le reste
fut broyé par la féodalité industrielle. Les belles
espérances de réforme furent enterrées. L'éco-

nomie politique sans cœur, la civilisation des heureux rejeta des créatures humaines dans leur abîme, sans leur laisser d'autre recours que la mort lente, le suicide ou le crime.

On a raconté que les ouvriers de Saint-Étienne, en dérision, envoyèrent à ceux du Creusot une botte de foin.

J'arrivais à Paris espérant encore. Je cours au journal : personne n'ose me dire la vérité. Chacun me répète :

— Voyez Ganesco.

Je le rencontre sur le boulevard :

— Enchanté de vous revoir, mon cher camarade. Le boulevard Montmartre vaut mieux qu'une cellule à Mazas, qu'en pensez-vous ?

Je le quittai de fureur. Je ne savais où aller, à qui parler. J'avais la tête perdue. J'eus l'idée de monter à la tribune de la presse, au Corps législatif.

Léon Plée, du *Siècle*, et Mercier, du *Réveil*, dès qu'ils me virent, me demandèrent :

— Que se passe-t-il au Creusot ?

— C'est moi, leur dis-je, qui dois vous demander ce qui se passe à Paris, et pourquoi vous avez reproduit les télégrammes d'Havas, sachant qu'ils étaient faux, et démenti les miens, sachant qu'ils étaient vrais.

— Nous avons eu peur des désordres.

— Les désordres, vous les aurez, et vous les aurez terribles. En trahissant la cause du peuple, vous fomentez la guerre sociale.

J'étais debout, je parlais à haute voix, blême de colère, sans considération du lieu ni des personnes. Toute la tribune des journalistes se leva. Le président Schneider agita sa sonnette. La séance de l'Assemblée fut un instant suspendue. Si j'avais pu bondir dans la salle, j'aurais interpellé, devant ces journalistes qui tous avaient menti, l'industriel sans entrailles, président de cette chambre sans pudeur.

Je me retirai, mangeant mes larmes.

Pas un journal n'a consenti à insérer une rectification quelconque relativement aux faits du Creusot. Je me rappelle une circonstance dont j'avais eu la preuve peu de jours avant mon départ et qui suffisait pour qualifier la machine monstrueuse que j'avais vue à l'œuvre.

L'école étant le principal instrument de despotisme, la féodalité du Creusot ne pouvait négliger ce moyen de domination et de terreur. Aussi, vers la fin de janvier, les élèves de la

classe la plus avancée eurent à traiter en narration,... vous ne devinez pas? *la grève du
Creusot !*

— Mais, réclamèrent-ils, que faudra-t-il dire?

— Vous demanderez à vos parents.

Les parents, c'est-à-dire les ouvriers, grévistes ou non grévistes, interrogés par les
enfants, répondirent :

— Ne fais pas ce devoir.

Les enfants ne firent pas le devoir, et furent
mis en retenue,... jusqu'au jour où le sujet
commandé serait traité par eux et où ils dénon-
ceraient la pensée des pères de famille.

Pas un journal de Paris n'a voulu publier
ce fait.

Je reçus du Creusot quelques billets, quelques invitations indirectes. Je n'osai y répondre. Que pouvais-je dire aux délaissés?
Mon journal même avait abandonné leur cause.
J'ai dû me résigner à passer à leurs yeux pour
un transfuge ou un traître.

Le grotesque se mêle au triste. Adrien
Bravais me dit un jour, en se levant de table :

— Çà, mon cher, pourquoi vous désolez-
vous? Moi aussi, il m'est venu une idée, et
je vais vous la dire. J'ai de l'argent ; d'autres

en ont. Nous allons nous entendre, réunir
entre nous quelques millions. Nous les pla-
cerons à intérêt composé. et quand nous en
aurons ainsi fait des milliards,… eh bien! alors,
il y en aura pour tout le monde, et nous amé-
liorerons le sort des ouvriers.

III

LA DÉCLARATION DE GUERRE

Toute cette affaire du Creusot, où le *Petit Journal* m'accusait, en 1872, d'avoir joué *un rôle louche*, ne fut en somme qu'une parade funambulesque de la farce plébiscitaire.

L'appel au peuple était dans la situation, les élections de 1869 ayant rendu le gouvernement impossible. Il fallait restituer le principe du pouvoir ou se démettre : M. Émile Ollivier, l'expédient de la fin, imagina de désemparer plébiscitairement le pouvoir du reste de ses agrès.

Si l'Empereur, s'entourant d'hommes de gouvernement, eût, en termes clairs, invité les comices de la nation à se prononcer entre lui et la ligue dite libérale, le résultat du vote aurait prouvé que rien n'était changé depuis dix-huit ans dans les dispositions des masses populaires, qui ont toujours en France redouté les poùvoirs oligarchiques.

Il pouvait, par cette nouvelle investiture, rafraîchir son mandat, allonger ses échéances, faire justice des déclamations factieuses, se débarrasser d'une Chambre issue de compromis mensongers, et, l'autorité rétablie, s'efforcer de réparer ses propres fautes, en ouvrant l'ère des garanties sociales, dont la première condition est la force et l'unité du pouvoir.

Pour laver la souillure des fraudes d'antan, il fallait que les questions fussent posées clairement et franchement, que la discussion en fût libre, que le dépouillement du scrutin fût sincère.

M. Ollivier fit voter au peuple toute une brochure, en indiquant une partie des propositions par des renvois à d'anciens textes.

Le peuple ne sut pas ce qu'on lui voulait. Il crut voter pour l'Empire et vota pour la destruction du principe de l'Empire.

Qui trompait M. Ollivier par cette simulation bouffonne? Sans doute tout le monde et lui-même. Il dut y avoir derrière cet imbroglio un esprit de femme et de prêtre.

Un tel essai de restauration devait être conduit d'un cœur haut et d'une main ferme. Mais demander des hommes d'État à l'Empire de 1870, c'était demander au cadavre la santé.

Cependant, sans hommes d'État au pouvoir, que signifiait le plébiscite, qui ne devait que constater et sanctionner l'accomplissement définitif d'un acte d'État ?

Il constata l'erreur et la confusion. Il sanctionna la ruine du pouvoir.

La différence du régime ancien et du régime nouveau, suivant la définition qu'en donna le vicomte de La Guéronnière, était que « dans le premier, le Parlement limite le Prince, et dans le second, le Prince limite le Parlement. » On ne saurait mieux dire que le pouvoir, cessant d'être impérial, devenait oligarchique. Et comme en France, avec la belle instruction que les doctrinaires nous ont faite, *oligarchie* et *république* sont synonymes, on commença partout autour de moi à parler de république.

— Nous ne sommes plus séparés de la république que par les républicains, me disait Giraud, un vieux directeur des bureaux de la presse.

Et il ajoutait :

— Tenez ! aujourd'hui, je me garderais de mal parler du savetier du coin : qui sait s'il ne sera pas dans quinze jours à la tête du gouvernement ?

Il devenait de mauvais ton de soutenir l'Empire dans le camp impérialiste. Qui oserait encore excuser le coup d'État ? Quelle horreur ! Heureusement, le plébiscite libéral va laver ce passé. Je restais seul à défendre le principe d'autorité, et Ganesco me dit, dans un de ses mouvements d'indignation comique :

— Je croyais Granier l'homme le plus réactionnaire de France ; mais c'est un révolutionnaire auprès de vous. J'ai honte d'être votre collaborateur !

Je passai la nuit du dépouillement des votes en pleine officine plébiscitaire, au Comité de la rue de Rivoli. Tous les partis s'y coudoyaient, toutes les satisfactions personnelles s'y étalaient. MM. Ollivier et Duvernois avaient fait de cet effort suprême de l'Empire une question d'intérêt privé ; d'autres intérêts privés y voyaient leur prochain avènement, prêts à ne ménager pour cela ni les émeutes, ni les massacres, ni les guerres, et souriant ensemble de ces beaux desseins.

L'Empire était si élégamment escamoté par ces messieurs, qu'on se demanda dans Paris si Napoléon III n'était pas mort.

Comment se fait-il que le jour de l'enterrement de Victor Noir n'ait pas été celui de l'enterrement de l'Empire?

Il n'y avait personne pour empêcher cette mince révolution; mais il n'y eut personne pour la faire.

On était allé aux Ternes comme à une foire aux macarons. Quantité de carrosses armoriés se suivaient à la file.

Je ne sais si M. Henri Rochefort s'est évanoui, comme on l'a dit, dans les bras du peuple; mais l'on comprend que, le peuple ayant à sa tête cet homme d'esprit, il n'y ait pas eu de révolution.

Ce gros Victor Noir faisait profession de donner des mots drôles aux journaux de l'opposition de toute nuance, et de distribuer des coups de poing dans les brasseries aux amis du gouvernement.

On corrigeait son français et son orthographe

dans ce guêpier de toutes les perfidies, le
Journal de Paris, où Weiss, qui fut conseiller
d'État de l'Empire, Hervé, qui refusa une
préfecture du même régime *in extremis*,
Ranc, qui fut membre de la Commune, Spuller,
qui n'est plus ministre, combinaient le miel de
leurs ambitions et le fiel de leurs rancunes.

Il portait également ses calembredaines au
Courrier Français, où je les jetais régulièrement au panier sans les lire.

Ce loustic alla insulter chez lui le prince
Pierre Bonaparte. Lui donna-t-il une gifle, ce
qui était assez dans ses allures ? Ce point n'a
jamais été tiré au clair. Le prince se débar-
rassa de cet intrus par un coup de pistolet. Il
n'y avait pas là de quoi justifier une révolution, d'autant que Pierre Bonaparte, disait-
on, était fort mal avec son cousin, et n'avait
jamais adhéré de cœur au second Empire.

D'un autre côté, il n'était pas bon que les
princes s'amusassent à viser les journalistes
comme des pies bavardes, et ce pauvre Victor
Noir était un si bon diable entre camarades,
que je désirai savoir le vrai de l'affaire. Louis,
frère de Victor, ne put m'édifier sur le
caractère de la provocation qui avait eu lieu.

Cependant son récit, et surtout l'apparition de sa jeune femme éplorée, en grand deuil, provoqua en moi une émotion que je communiquai à mes lecteurs.

Premier effet de mon article : vente du journal ; prière instante de continuer à fouetter l'attention publique par une peinture vive de l'enterrement, quoique de telles besognes ne fussent pas de mon ressort. C'est ainsi que j'ai vu tout le brouhaha, sans m'y mêler. Le tableau que je m'apprêtais à en dessiner dans trois ou quatre articles ne ménageait ni amis ni ennemis.

Second effet : inquiétude du gouvernement et suppression du tableau par ordre ; l'ex-avoué Bigot, réactionnaire renforcé, envoyé à Blois pour suivre le procès du prince et le défendre dans le journal, ce qu'on ne pouvait décemment me demander.

Ce pauvre gouvernement se sentait si faible, qu'après avoir eu peur du vacarme, il en interdisait le compte rendu.

Le ministère Ollivier, comme tout bon gouvernement libéral, se délassait de ses fatigues par des procès de presse. Louis Bigot, le défenseur du prince assassin, me supplia, à son retour de Blois, de lui faire donner, pour ses débuts au barreau, la cause de quelque journaliste démocrate.

Je venais justement de recevoir une lettre gémissante d'Assi, que l'on avait fini par fourrer à Mazas, avec ses airs de capitan. Je ne lui aurais pas répondu. Je donnai ce client à Bigot.

La mère d'Assi avait quitté le Creusot pour s'installer dans une mansarde d'où elle pouvait voir la cellule du prisonnier. Bigot fut touché. Il fit extraire Assi de Mazas, lui donna de l'argent, et, sur mes notes, obtint son acquittement en police correctionnelle.

Grâce à ce succès, qui le classait parmi les apôtres de la révolution sociale, l'avocat Bigot fut requis, après la Commune, pour la défense des victimes des conseils de guerre, et il s'y employa de si grand cœur, étant doué d'un tempérament pléthorique, qu'au cours d'une de ses plaidoiries, il fut pris d'un coup de sang, dont il mourut.

L'ahurissement des partis et du gouvernement était à son comble, les caricatures politiques faisaient rage, le piétinement sur place

devenait une danse macabre, les idées les
plus grotesques envahissaient toutes les têtes,
ou les manivelles qui en tiennent lieu, et dans
ce tourbillon d'inconscience publique la fièvre
du luxe épais et du plaisir bête battait son
plein. Nul n'avait plus souci de l'avenir, et
l'on ne songeait point à la guerre prochaine.
Je publiai alors dans le *Parlement* ces lignes,
vision prophétique qui devait être si promptement et si cruellement réalisée :

« Notre pays touche à l'un des moments
décisifs de son histoire.

« On a dit de l'Italie, on dit encore de l'Autriche : *Ce n'est qu'une expression géographi-
que*. Or, si la France ne regarde pas de près
à ses affaires, il n'est pas douteux que le jour
n'arrive, et avant peu, où l'on dira d'elle la
même chose. Il est simplement question pour
nous d'être ou de ne pas être.

« Nous avons été ; mais prenons garde de
vivre sur notre renommée.

« Sans vanterie, nous avons instruit l'Europe. Ce que la Grèce a fait pour Rome, ce
que Rome a fait pour nous, à notre tour nous
l'avons fait pour le monde moderne. Mais
prenons garde que, lorsque nous n'aurons plus

rien à lui donner, les étrangers ne se substituent à nous, même dans notre travail intérieur, ne nous laissant en propre que nos discordes.

« Nous marchons à grands pas vers cette fin. L'étranger envahit toutes les branches de notre activité nationale. Les conditions du travail deviennent onéreuses. La question économique se pose insoluble. Les liens de la famille se relâchent. Toutes les forces physiologiques s'amoindrissent. La fécondité même des femmes diminue. Les agglomérations stériles remplacent l'organisation normale des énergies individuelles. Les mœurs tournent à un communisme banal couronné par de vaines préoccupations qui rappellent les disputes des verts et des bleus de la décadence byzantine.

« Nous nous agitons misérablement sur place depuis quatre-vingts ans sous l'empire de toutes sortes de rêveries mystiques, romantiques, utopiques et éclectiques. Les sciences ont fait quelque progrès, mais dans l'ordre purement mécanique et au grand détriment des idées politiques et morales. L'industrie a créé des instruments, mais sans réussir à les employer utilement ni pour l'amélioration de l'homme ni pour l'accroissement de la production économique. Toutes les richesses physiques et intellectuelles de ce pays périssent absorbées par la gangrène qui est au cœur.

« Le désordre est au point que des esprits élevés en sont venus à désirer le renouvellement de la race par l'invasion germanique et slave. Mais ce remède même serait inefficace ; il ne ferait que propager notre mal intérieur. Le monde germanique et le monde slave, en suivant la pente fatale qui les pousse depuis l'origine vers le Sud-Ouest, ne feraient qu'y épuiser sans renouvellement les forces organiques qu'ils contiennent. En même temps, ils céderaient chez eux la place aux hordes jaunes de l'Asie, qui se comptent par centaines de millions, invasion de chenilles et de sauterelles sous la dent desquelles le petit jardin de l'Europe ne resterait pas vert bien longtemps.

« Voilà où nous conduisent nos mollesses, nos lâchetés, nos disputes de rhéteurs, d'eunuques et de moines.

« Ceux qui croient d'ailleurs que le moyen âge est clos ferment les yeux à l'évidence.

La politique rationnelle n'est pas née. Le monde cherche encore son équilibre. Les migrations de peuples n'ont pas cessé et leur direction est la même. Le droit romain règne. La féodalité persiste. Toutes les questions restent debout : celle des communes, celle du Rhin, celle de Rome, celle d'Orient.

« Le calme précaire et chèrement acheté de quelques années de vie ne doit pas nous faire illusion. L'heure des exécutions de peuples n'est pas si loin de nous.

« Hier nous dominions l'Europe par une conquête qui rappelle les incursions des Tamerlan et des Attila. Notre drapeau et le nom d'une famille que nous identifiions avec le nom de la France portent cette marque effrayante, et nous courons encore les chances aléatoires d'un peuple soldat. Nous nous sommes arrêtés trop tard à Mexico, trop tôt devant Sadowa. Que préparent pour demain l'instruction silencieuse de nos troupes derrière des locomotives et la reprise de certaines représentations sur nos théâtres ? Qui sait où nous allons, où va l'Europe ?

« Nous ne savons qu'une chose : c'est que le trouble règne dans notre organisme, c'est

6

que notre activité au dehors s'est ralentie, c'est que notre économie sociale est malade, c'est que la ruine nous menace par l'extérieur et que la décomposition s'opère à l'intérieur, et que nous dépensons le temps qu'il nous reste à vivre, en orgies galantes, en jeux d'esprit, en luttes frivoles. »

A ces avertissements, suivis d'autres semblables, un ancien disciple de Saint-Simon répondit :

« 1846 ! A cette époque il était encore temps de sauver la monarchie représentative qui sombrait deux années après. L'établissement de 1870 achevé, se mettra-t-on à l'œuvre ? Je ne l'espère guère, et je crains fort pour vos avertissements le sort de ceux de Jules Lechevalier. »

L'explosion, depuis longtemps inévitable, fut déterminée par les provocations calculées de la Prusse.

Sadowa, personne ne s'y trompait, avait été une défaite française. La France baissant et l'Allemagne montant ; l'une allant à la dissolution, l'autre à la concentration ; celle-ci multipliant sa force d'invasion, celle-là déjà demi-envahie[1] ; les alliances narguant l'une, caressant l'autre ; le commerce français n'étant plus protégé sur aucune terre ; l'Italie ne négligeant nulle occasion de nous témoigner une reconnaissance qui ressemblait à de la haine ; le réseau de l'isolement s'étendant autour de nous, et notre État, sans prestige, sans sympathies au dehors, réduit au dedans à une telle faiblesse qu'on pouvait se demander entre quelles mains s'en trouvait la direction, une secousse violente était devenue nécessaire, soit pour nous relever par l'héroïsme, soit pour nous éclairer en nous châtiant.

Sept années auparavant, dans mon Ode *Pologne et France* (1863), j'avais prévu et accepté cette conclusion à deux tranchants :

> La lâcheté se trompe et fonde sur le sable,
> Et dans son bonheur monte un signe épouvantable,
> Pour nous ressusciter, sinon pour nous punir.

J'aurais préféré la résurrection par la sagesse politique et par la lente reconstitution intérieure ; mais l'incapacité gouvernementale et l'égoïsme des hautes classes, l'asservissement

---

[1] Cette observation, copiée sur des notes d'alors, me frappe, rapprochée du fait actuel.

des classes lettrées et l'ignorance du peuple
nous acheminant fatalement à la ruine, j'acceptai la guerre comme instrument de révolution, et à ce titre je demandai :

— *La guerre ! toute la guerre ! et toutes les
conséquences de la guerre !*

Je n'avais aucune illusion sur la solidité de
notre organisation militaire. La campagne
d'Italie m'avait éclairé sur la valeur de notre
armée ; je retrouve en effet dans une note
écrite peu de jours après la bataille de Solfé-
rino ces lignes explicites :

« La France n'est plus une puissance militaire, et Napoléon III l'a sauvée par la paix
de Villafranca. Si ses succès actuels, si chèrement achetés, lui font illusion sur la force de
ses armes, elle recevra prochainement de l'Allemagne une leçon terrible. »

Le soldat français a été le premier du monde
à diverses époques par l'enthousiasme ; mais
une éducation officielle, la soumission à une
oligarchie financière, un régime de bassesses
et de pots-de-vin, sont manifestement im-
propres à faire des soldats et à les conduire.
Je sentais donc toute la gravité pour nous d'une
guerre de la France contre l'Allemagne. Je

l'acceptai cependant, parce que je la jugeais nécessaire et que je l'identifiais avec le réveil de notre esprit national.

Quoique la conscience publique, à Paris, fût insuffisamment éclairée sur notre situation extérieure et notre état intérieur, l'approbation chaleureuse qui accueillit mes articles me prouva que mes idées correspondaient au sentiment général.

Je n'ai pas à rechercher quels furent, dans les sphères gouvernementales, les motifs déterminants de la déclaration de guerre. De qui M. Ollivier, dans cette occasion comme dans celle du plébiscite de mai, reçut ses inspirations, je l'ignore. Je sais que Napoléon III se promenait dans sa bibliothèque avec un personnage dont je tiens le fait, — raconté par lui-même à Londres devant M. Récipon, aujourd'hui député, — lorsque M. de Maupas vint, triomphant, annoncer le vote favorable du Corps législatif :

— Ah ! monsieur de Maupas, dit l'Empereur avec amertume, vous venez de faire une chose bien grave, et dont nul ne peut prévoir l'issue.

Mais les motifs secrets qui ont pu diriger

les actes des gens de cour ne sont pas mon objet : la pensée de Paris, à cette heure funeste ou salutaire de son histoire, — l'avenir dira lequel des deux, — m'importe seule.

Le Prussien avait lâché d'abord son ballon d'essai du Saint-Gothard. Annoncer le percement *sans notre avis*, à travers la Suisse *neutre*, d'une voie *stratégique*, unissant directement l'Allemagne du Nord et l'Italie *consentante*, c'était manifester par trop clairement la conséquence des événements de 1859 et de 1866. L'orage amassé sourdement depuis onze ans. et surtout depuis quatre ans, sur nos têtes, commençait à gronder.

J'avais signalé le fait, son caractère provocateur et sa signification menaçante, dans un article qui fit quelque bruit.

Mes amis allemands surtout, s'en émurent. J'en avais tous les soirs une bande autour de moi, jeunes gens instruits et dont la conversation sérieuse et savante me plaisait fort, grands admirateurs de la France, démocrates à tous crins et ne connaissant d'autre politique que la fraternité des peuples.

Le plus réfléchi d'entre eux était Zindel,

professeur d'architecture du *Polytechnicum*
de Cassel, avec qui je visitai en détail
l'Opéra de M. Garnier, encore inachevé, pour
l'élaboration d'un article critique que m'avait
demandé M. Alphonse de Calonne, directeur
de la *Revue contemporaine*. J'avais fait la
même visite successivement avec M. de Calonne, des architectes français et un membre
de l'Académie des Inscriptions ; j'avais conféré
sur ce sujet avec M. Viollet-le-Duc : même
après que j'avais recueilli les remarques de
ces maîtres, les observations de Zindel m'ef-
frayèrent par leur force logique et esthétique.
Il parcourait les environs de Paris, où il prenait des vues de monuments ; mais là je ne
l'accompagnais pas.

Von Ende, une simple silhouette blonde,
un musicien wagnériste, fils de l'ex-ministre
de la guerre de Hesse-Cassel, était le corres-
pondant de la *Gazette d'Augsbourg*.

Nous nous promenions tous les soirs sur le
boulevard Sébastopol (rive gauche), moi leur
démontrant la nécessité de la guerre, eux la
repoussant avec indignation, au nom des principes démocratiques.

Mon article sur la voie stratégique du Saint-

Gothard les inquiéta. Trois jours après, ils me disaient en riant à leur façon :

— Vous voyez bien que personne n'y pense plus et que vous êtes seul de votre avis.

Ce rire teutonique m'est toujours resté dans la mémoire,

La bombe espagnole éclata le lendemain, et cette fois tout le monde fut de mon avis.

La vieille affaire des mariages espagnols remise en avant, c'est-à-dire la question historique de l'alliance du Centre, du Midi et du Nord de l'Europe, jaloux de notre assiette centrale sur les trois mers ; la reconstitution entrevue du Saint Empire entre Gadès et Dantzig ; l'établissement d'un même ennemi sur toutes nos frontières de terre : — ce n'était pas là un simple incident, mais une menace de haute portée aux yeux de quiconque a étudié le passé du continent européen. Louis XIV, pas plus que Napoléon III, n'aurait accepté l'implantation d'un Hohenzollern sur le trône d'Espagne.

Des foules nombreuses parcoururent les rues en criant, les unes : *A Berlin !* les autres : *Vive la paix !* Il y avait dans les premières beaucoup de gens de police. Le bourgeois de

Paris n'en fut pas moins, en général, partisan de la guerre.

Assurément il se doutait peu de la faiblesse de notre armée, les avis de M. Thiers à cet égard étant sans autorité, vu la réputation du personnage dont madame Guizot disait à son mari : « J'aime mieux vous savoir en compagnie d'une fille que de cet homme. » Bien des naïfs étaient persuadés qu'il suffisait à la France de tirer sa grande épée de 1807 pour faire rentrer ses ennemis dans la poussière... Il n'en est pas moins vrai que l'insolence prussienne avait poussé à bout le point d'honneur parisien.

La guerre, virtuellement déclarée depuis Sadowa, avait été simplement considérée comme suspendue. Paris s'y portait, non comme à une expédition de conquête ou à un acte de vengeance ou de répression, mais comme à un duel.

Et certes, au point de vue moral, le spectacle de l'animation nouvelle de la grande capitale était pour les esprits attristés et découragés d'un bon augure sinon pour l'issue immédiate de la guerre, du moins pour l'avenir de la nation. Il semblait que, quelque cher

que dussent être payées les mollesses antérieures, une vie nouvelle commençait. Malgré
les illusions conservées par tous sur notre
force militaire, personne ne se trompait sur la
gravité de l'entreprise et n'ignorait qu'il y
dévouait lui et les siens. L'issue de la guerre,
conséquence fatale des fautes antérieures, ne
doit pas nous faire oublier l'élan courageux
qui manifesta un fier regain de nos vieilles
qualités nationales.

Le mot d'Ollivier : *d'un cœur léger*, bizarre
chez un premier ministre, est noble, appliqué
à la conscience de Paris. Jamais peuple ne
courut plus allègrement à une lutte périlleuse.
Paris, obligé de défendre son honneur,
n'examina pas la force de son adversaire et
ne mesura même pas la longueur des armes.
Il se présenta devant l'ennemi, comme les
anciens Gaulois, la poitrine découverte.

Un organe sérieux de Londres, le *Diplo-
matic Review*, inspiré par David Urquhart,
qui fut l'un des esprits les plus profonds de
l'Europe, nous reprochait d'avoir négligé,
dans la déclaration de guerre, la procédure
solennelle du droit des gens, et de nous être
par là aliéné les dispositions des autres

peuples. Je fis remarquer au rédacteur que la doctrine du *droit fécial*, si respectable que je la tienne, ne pouvait rien changer à la fatalité de ces deux faits brutaux : — la croissance de l'Allemagne, la dissolution de la France, — qui nous forçaient à relever le défi ou à reconnaître notre déchéance.

La guerre pouvait être remise par des arbitrages, des concessions, un échange de correspondances. Elle ne pouvait être retardée utilement pour nous, ni évitée. La conduite en fut ce que comportait la constitution politique et morale des deux peuples, et l'issue en fut la sanction d'un fait déjà consommé. La guerre de 1870 n'a pas causé notre chute : elle nous en a avertis. Ce dur réveil, si nous avions su en profiter, valait mieux qu'un sommeil d'énervement.

Proudhon a fort bien démontré, dans le premier volume de son livre *De la paix et de la guerre*, que la guerre est un jugement, dont il n'y a lieu d'appeler que si l'on croit qu'il a été mal rendu. La révolution seule peut, contre le jugement de 1870, exercer justement le droit d'appel.

Paris n'a donc pas eu tort de vouloir la

guerre. Il a eu tort de négliger l'emploi de sa force unique, qui était l'esprit révolutionnaire.

Tandis que le parti de la guerre ne comprit pas la nécessité pour la France de s'appuyer sur la révolution, le prétendu parti de la révolution ne comprit pas l'utilité pour la révolution de s'appuyer sur la guerre.

Ce reproche s'adresse aux doctrinaires démocrates et socialistes, qui fournissaient le contingent des manifestations opposées à la guerre. Ils étaient conséquents avec une politique aussi étrangère au sentiment national que celle de l'Église, et c'est en vertu de cette politique antinationale que, le 1er mars 1871, ils firent dévier le mouvement éminemment français et parisien du 26 février, et en usèrent pour nous infliger la guerre civile.

Le plus grand mal, dans l'existence de ces partis, est que, censés représenter la révolution, ils ne la représentent pas, et que, par la fausse image qu'ils en donnent, ils en détournent le parti national.

Par là, ils n'ont pas peu contribué à jeter les hommes du 4 septembre dans la réaction, dont les bras s'ouvraient d'avance pour les recevoir.

Un prêtre, lors de la déclaration de guerre, se tenait chaque soir sur un des grands boulevards où se produisaient les démonstrations belliqueuses, qu'il excitait par ses cris.

Sans ordre de ses supérieurs? C'est douteux.

Quelqu'un lui demanda comment, lui, apôtre de paix, ne craignait pas de proférer des paroles de haine.

Il répondit fièrement :

— Pour être prêtres, nous n'en sommes pas moins citoyens.

Malgré cet exemple, qui vaut ce qu'il vaut, et d'autres semblables, l'attitude du clergé devant la question de guerre fut généralement dissimulée ou passive. Si l'on ne peut affirmer qu'il poussa à la guerre, on peut dire avec certitude qu'il ne fit rien pour l'empêcher.

Quelques-uns virent dans cette connivence tacite un effet de la passion religieuse ; beaucoup plus un but et même un plan politique.

Suivant ces derniers, le clergé, tout entre les mains des jésuites, appela l'homme du Nord comme les évêques gaulois du v.ᵉ siècle appelèrent le Franc. Il leur fallait tuer l'Empire, entaché de démocratie, de socialisme, de jacobinisme et par-dessus tout d'esprit

7

scientifique, et cela sans tomber dans la Révolution. Un tel coup double ne se pouvait opérer que sous la pression des canons de Berlin. Après avoir *organisé* la défaite impériale et républicaine, il serait facile d'organiser la victoire monarchique et de faire payer à l'Allemand hérétique et panthéiste sa facile victoire.

On remarqua l'abstention absolue du clergé dans l'œuvre de la défense nationale : le dévouement individuel de quelques aumôniers ou ambulanciers ne suppléa pas cette défection des hautes influences que le catholicisme possède encore.

On se plut à voir dans les fauteurs de capitulation des instruments, conscients ou non, du jésuitisme. On ne trouva pas d'autre explication du concert évident qu'indiquait la série monotone de nos surprises et de nos retraites.

Quoi qu'il en soit de ces hypothèses, je puis affirmer que le parti clérical fut tout-puissant auprès de M. Trochu.

J'étais si vivement frappé de cette influence et de tous les faits qui m'indiquaient une direction occulte du prétendu gouvernement

de la Défense nationale, que je m'en ouvris,
un jour de la fin du siège, au coin du
feu, chez l'éditeur Alphonse Lemerre. Le-
conte de Lisle, qui était en tiers avec nous,
s'écria :

— Ne nous montrez pas ce fantôme !

Le Clergé regarda les massacres de Mai
comme sa victoire. Dans l'après-midi du
samedi de la semaine sanglante, après avoir
traversé l'état-major de Cissey sous les pieds
des chevaux, devant le palais du Luxembourg,
au bruit des mitrailleuses qui s'exerçaient
dans le jardin sur les défenseurs de Paris, je
vis des prêtres se promener dans la rue de
Vaugirard, la tête haute, le jarret tendu, l'œil
brillant, le sourire aux lèvres.

A ces souvenirs sur le rôle du prêtre pendant et après la guerre, que je rapproche pour
en éclairer la signification, — car le tissu du
drame se tient dans toutes ses parties, — je
dois ajouter la parole dite par un curé des
environs de Paris à l'un des chefs de la Commune, qu'il pansait de ses blessures et couvrait de son asile, après Mai :

— La Commune n'a pas su trouver son
principal appui, qui était le *prêtre*.

Ceci est une autre acception du mot. N'oublions pas qu'il y a, dans l'Église catholique, trois Églises : une Église antinationale, romaine, italienne, souvent allemande malgré la barrière du protestantisme, et qui a toujours été l'ennemie de notre esprit ; — une Église gallicane, officielle, despotique, grand-mère de notre Université, et dont le conflit avec l'Église ultramontaine est la principale cause de nos divisions et de notre faiblesse ; — une Église française, gauloise, presbytérienne, municipale, libérale, chrétienne et apostolique par les mœurs, catholique par le dogme ; opprimée par la hiérarchie sacerdotale, par Rome, par l'État ; peut être la base future d'un accord entre la science et la religion, entre la raison et le sentiment ; qui a toujours été dans nos aspirations et n'a jamais eu la liberté de se produire.

Sans doute le prêtre qui avait entrevu le rapport intime du christianisme avec la démocratie moderne, appartenait-il à cette Église cachée.

Une source d'honneurs, de récompenses, de profits divers; un moyen d'étaler son patriotisme, son dévouement et son zèle; un déversoir aux satisfactions vaniteuses; un recours ouvert aux habiletés travesties; un asile pour les impuissances, fut la confrérie des ambulances parisiennes.

Quelques journaux de Paris prirent les devants et organisèrent les Ambulances de la Presse française. Chaque journal envoya ses délégués, qui se réunirent dans les bureaux du *Gaulois*. M. Émile de Girardin présidait le cénacle. On se disputa le titre de membre du Comité, qui fut distribué discrétionnairement ou plutôt usurpé par une coterie.

Des délégués furent envoyés dans chacun des arrondissements de Paris.

Personne ne se souciait du vingtième, celui de Ménilmontant et de Belleville, où l'opposition socialiste était concentrée, et où l'on supposait qu'il y avait plus de horions que d'applaudissements à recevoir. Yveling Rambaud, l'indispensable de tous les comités mondains, dit aux organisateurs de cette banque aux ambulances :

— J'ai votre affaire.

Avec ma naïveté habituelle, j'acceptai le poste de péril qui m'était offert, et le soir désigné pour la première conférence, seul, nullement inquiet de l'accueil qui me serait fait par des gens dont je partageais les désirs, je pris pédestrement le chemin de Belleville, où je n'étais jamais allé auparavant.

Je trouvai dans la salle des conférences un monsieur en grande tenue, comme moi-même, du reste. Un délégué de la Presse française ne pouvait faire moins que de se présenter, même à Belleville, en habit noir.

— Monsieur, je suis le conférencier.

— Monsieur, je suis le maire, prêt à vous écouter. J'ai été prévenu de votre arrivée il y a une heure environ, et, vous le voyez, je n'ai pas perdu mon temps : la salle est disposée pour vous recevoir ; on n'a pas oublié le verre d'eau sucrée.

— Et les avis dans les journaux ?

— Il n'y en a point eu.

— Et les affiches ?

— Si elles existent quelque part, elles n'ont point été apposées.

Des amis du maire, informés par lui, arrivèrent. On causa debout. Un petit groupe se forma peu à peu. J'esquissai quelques vues prudentes sur l'identité des intérêts de la Démocratie et de la nation. Mes paroles furent accueillies avec sympathie.

— La population de l'arrondissement, me dit le maire, est peu favorable aux idées de guerre. Les considérations que vous nous exposez sont de nature à la frapper, et il serait regrettable que vous ne pussiez être entendu.

Nous prîmes jour pour une grande réunion ; il me promit une salle pleine et l'attention des auditeurs, d'après ce que dès à présent il pouvait faire connaître du caractère de ce premier entretien...

Mais le Comité déclara que M. de Flavigny, président des Ambulances internationales était investi du privilége des conférences, et qu'il s'opposait à ce que des réunions fussent tenues par les Ambulances de la Presse.

Je fus payé de mon dérangement par des compliments adressés, dans les journaux de la coterie, à mon « éloquence » et à celle de mes collègues.

Bientôt les Ambulances de la Presse française s'appelèrent publiquement les Ambulances du *Gaulois*, et comblèrent d'honneur M. Edmond Tarbé et ses amis.

On a vu les Ambulances parisiennes à l'œuvre, dans le matinée qui suivit le *coup fourré* de Buzenval.

Ce guet-apens, dressé par des mains françaises pour nous faire accepter la capitulation, aboutit à une boucherie. Les granges, les écuries, les étables des environs du plateau de Garches s'emplirent de blessés entassés sans paille, sans linge, sans lumière, sans eau, sans secours humain.

Je cite un nom. Le docteur Roy passa la nuit à faire des pansements à la lueur de ses allumettes. Il voyait, sans pouvoir y subvenir faute d'aides, quantité de mutilés expirer autour de lui par l'hémorrhagie.

Les voitures des ambulances vinrent, resplendissantes et à grand bruit au petit jour.

Ces voitures, lorsqu'elles passaient, précédées de belles quêteuses, sur le boulevard des Italiens, étaient d'un grand effet.

Les ambulances se distinguèrent par des drapeaux, qui devaient, le jour du sac de la ville, préserver les maisons ainsi décorées. Tout propriétaire voulut avoir son ambulance, ou du moins son drapeau. Un décret du gouvernement eut pour objet d'empêcher ces abus.

De même les ambulanciers se distinguaient par des brassards non tricolores. De jeunes et solides fils de bonne maison, qui n'étaient ni docteurs ni apothicaires. se montraient publiquement avec ces insignes protecteurs.

Le brassard de deux couleurs, après s'être illustré de la sorte pendant la guerre, devait être employé plus tard à un autre usage. On en saisit trente mille dans le neuvième arrondissement, vers la fin du règne de la Commune, et l'emploi auquel ils étaient destinés devint clair lorsque, dans les journées infernales des 24-29 mai, le même ornement servit de signe de ralliement aux massacreurs.

D'un usage à l'autre, il y avait déduction logique.

Dès nos premiers revers, la chute de l'Empire parut inévitable.

L'Empire n'avait jamais été qu'un fait. Le fait cessait. Il n'y avait pas besoin d'une poussée pour cela.

7.

La difficulté n'était pas de le jeter à bas, mais de savoir par quoi on le remplacerait ; et la perspective offerte par ses sucesseurs possibles n'était pas gaie.

Charles Fauvety, qui avait été dieu et saint-simonien, mais qui était resté homme d'esprit et patriote, vint me trouver dans une vraie rage.

— Quoi ! me dit-il, vous avez un journal, vous êtes jeune, et vous ne faites rien pour nous retenir au bord de l'abîme où tout va crouler ?

Sur son conseil, je provoquai une réunion de journalistes, qui eut lieu dans les bureaux du *Centre gauche*, au n° 13 de la rue du Faubourg-Montmartre. Tous les grands journaux avaient été convoqués, sans distinction de couleur politique ; un tiers environ se fit représenter. J'exposai l'objet de la convocation.

— Nous sommes menacés, leur dis-je, par trois périls : celui de l'étranger, qui sera bientôt sous nos murs ; celui de l'émeute, qui ébranlera nos pavés dès que la faim prendra le peuple à la gorge ; celui du gouvernement, qui n'est personne et qui ne peut rien, instrument flottant prêt à tomber dans des mains quelconques.

Je montrai la confusion des esprits, le désarroi de toutes choses, la nécessité d'une entente et d'un ralliement. En évitant de froisser aucune opinion, je fis appel au patriotisme de tous les partis. Le péril national était pour tous un terrain commun ; l'imminence du danger devait nous mettre momentanément d'accord.

La question gouvernementale et dynastique ne pouvait pas être traitée devant l'ennemi ; il fallait la renvoyer après la guerre. Il y aurait folie à changer la forme du gouvernement à l'heure où Paris allait être investi par les armées allemandes. Ce serait s'abandonner au hasard des coups d'État sans issue, se livrer sans défense à l'ennemi de la nation.

Suspendre, au contraire, les disputes constitutionnelles ; sacrifier à l'intérêt national nos compétitions et nos dissidences ; rallier l'opinion autour du drapeau de la patrie en danger ; former un conseil de gouvernement composé d'administrateurs intègres et énergiques choisis dans tous les partis ; désigner à ce conseil des généraux capables, jeunes, hardis, d'un dévouement sûr, dût-on les prendre dans les rangs des colonels ou des capitaines ; consacrer les divers organes de la presse à soutenir ce gouvernement national provisoire et à l'éclairer, était d'une sage et ferme politique. Or, cette politique, qui pouvait l'inaugurer et l'imposer, sinon la presse de Paris réunie dans une seule idée, dans une seule foi ?

Ceux qui parlèrent après moi ne firent que des réserves. La plupart des représentants de la presse se contentèrent de déclarer que, vu la gravité des questions posées et des propositions émises, ils ne pouvaient qu'en référer à leurs mandants.

Rendez-vous fut pris pour le 15 août. On essayerait d'obtenir une représentation de toute la presse politique. A la suite de la réunion, si mes propositions étaient adoptées, la liste du conseil de gouvernement serait immédiatement arrêtée, puis soumise la même nuit à la signature de l'Impératrice. Si cette dame résistait, on prendrait les mesures nécessaires pour neutraliser son mauvais vouloir et l'on agirait sans elle.

Dans la journée du 15 août, d'après les rapports qui me furent faits, soixante journalistes de marque avaient promis d'être présents à la séance. Deux bruits contradictoires se répandirent : d'après l'un de ces bruits, mes propositions n'étaient qu'une manœuvre ayant pour but de sauver l'Empire ; d'après l'autre, le ministère avait résolu de nous faire arrêter. Au lieu d'être soixante, nous fûmes six.

Deux des six sortirent avec moi. Je ne les connaissais pas. Ils me dirent :

— Vous méditez un comité de salut public, Nous vous seconderons. Venez à nous quand vous serez prêt.

L'un d'eux me donna sa carte où je lus :

— *Descartes, peintre, avenue de l'Impératrice.*

Je conservai cette carte sans intention.

Et le désarroi fatal qui nous poussait au gouvernement de la capitulation, aux émeutes sanglantes, aux réactions funestes, suivit son cours.

Si j'avais été sage, je me serais, après cette première leçon, rappelé les avis de Henri Favre. Vous m'aviez, mon cher maître, assez répété les conseils de votre doctrine hermétique :

— Ceux qui auront l'imprudence de s'interposer entre la bourgeoisie et le peuple seront les premiers broyés. Il n'appartient pas à un homme de changer l'ordre des phases sociales. Dans les décadences et les invasions, il faut ne songer qu'à soi et se garder.

Vous me montriez l'exemple de notre ami Louis Lucas, le dernier des alchimistes, qui, lui aussi, avait rêvé de nouer l'alliance du pouvoir et de la démocratie. Ce que je tentais à la fin de l'Empire, il l'avait entrepris au commencement. Il avait reconnu promptement l'impuissance des idées sur le chaos des sociétés décomposées, et s'était réfugié dans le calme de son laboratoire du vieil hôtel de Turenne, où il entretenait le feu des sciences occultes.

J'étais mieux informé en 1870 que Louis Lucas en 1851 de l'incapacité politique de toutes les classes, par suite de l'éducation reçue et des habitudes contractées. Pourquoi donc me jeter dans le gouffre ?

En victime expiatoire ? Non ; je ne suis pas mystique, et je n'ai nulle prétention au martyre.

Dans l'espoir d'un relèvement des énergies ?

Je voyais froidement s'opérer la décomposition du corps national et grouiller les vers parasites. Mais le secret des virtualités d'une nation n'appartient à personne, et nul n'a mission de l'avenir. Chacun doit humblement semer son grain, arrive qu'arrive.

Le sage de Lucrèce trouve de la volupté à contempler du port la tourmente des flots et la détresse du navire. Je ne saurai me résigner à ce rôle de spectateur. J'aime mieux être sur le pont avec les matelots. La philosophie n'est pas pour moi un brassard bicolore qui me préserve des obligations de l'homme et du citoyen. La pensée ne me suffit pas, je veux l'amour et la lutte.

Tout ce qu'il restait d'impérialistes, le 4 septembre, lâcha honteusement le gouvernail et déserta le navire.

Le comte de Rouville, passant dans mon cabinet, me cria fiévreusement, dès le matin :

—Vous allez donc l'avoir, votre République !

Le cœur me battit bien fort à ce mot. Je me ressouvins de mes émotions enfantines du 24 Février.

— Si c'était donc vrai ! si c'était Elle, la Sainte et la Pure !

Et, malgré doutes et systèmes, je versai des larmes.

Le 5 septembre, à sept heures du matin, une estafette à cheval m'apportait, de la part du nouveau gouvernement, l'autorisation de procéder à des enrôlements pour la défense des environs de Paris.

IV

LA DÉFENSE DE PARIS

Dès les premières batailles, il fut évident que nous n'avions pas d'armée.

Deux avis furent émis :

Gambetta dit :

— Il faut prendre le pouvoir et faire une armée.

Il prit le pouvoir qui, ne demandait qu'à se laisser prendre, mais ne fit pas d'armée, parce qu'une armée ne s'improvise pas dans un pays envahi, et que d'ailleurs on n'en possédait pas les éléments.

Je dis :

— Il faut faire par nous-mêmes.

Pour procéder légalement, je demandai au Corps législatif une loi, dont on peut retrouver le projet dans le *Parlement*, en compagnie de bien d'autres idées jetées au vent de l'opinion. Ce projet disait à peu près ceci :

« Tout Français, muni d'une carte d'identité qui lui sera délivrée sur la constatation de sa nationalité par un commissaire départemental constitué à cet effet, est autorisé à fabriquer et à employer pour la défense du territoire, tous engins de guerre prohibés ou non dans les guerres classiques.

« L'emploi de ces engins contre des Français est puni de mort.

« Les règlements des corps de volontaires sont visés par le commissaire départemental. Toute infraction grave des membres du corps au règlement est punie de mort.

« Le commissaire départemental préside à l'application des peines. »

Les autres articles étaient conçus dans le même esprit. Liberté avant l'enrôlement : autorité et discipline après. La défense de la nation était ainsi remise aux mains du peuple. Liberté de toutes les initiatives; celle des communes et des régions concourait avec celle de la nation sans lui nuire et sans grever le budget. L'autonomie des citoyens ne restreignait pas l'action de l'État, limitée de droit à l'emploi des forces régulières.

La révolution consistant essentiellement

dans la reprise de l'autonomie individuelle, corporative, municipale, régionale, la nation était sauvée par la révolution, et la révolution accomplie par la guerre.

Une noble émulation se produisait d'homme à homme, de ville à ville, de contrée à contrée. Les intérêts bas étaient sacrifiés aux intérêts supérieurs. Les femmes apportaient leur concours généreux à l'héroïsme viril. Des associations locales adoptaient les veuves et les orphelins. Des institutions fraternelles se créaient. L'enthousiasme de la liberté et de la justice courait de province en province, traversait nos frontières et ralliait à notre cause les peuples étonnés et attendris.

L'ennemi ne rencontrait nulle part des masses profondes que pût accabler son artillerie, mais se trouvait partout entouré d'un désert de feu. Ses communications rompues, ses détachements exterminés, ses approvisionnements supprimés, plus il envahissait, moins il saisissait et plus il était aisé à décimer par la surprise des corps isolés, par la faim, le froid, la maladie, l'incendie, le poison.

Les femmes, les enfants mettaient la main à la besogne. On travaillait par tout le pays à la production et à l'emploi des engins de mort. On remuait des montagnes de terre. La chimie et la mécanique menaient la danse. Peu à peu des corps exercés se formaient, et sous la conduite de chefs hardis, de généraux imberbes, balayaient les barbares comme une vermine. La nation réorganisée et sûre de sa force envoyait à tous les peuples civilisés cette déclaration :

— La Démocratie française ne fait la guerre à aucun peuple et n'envahit aucun territoire. Tous les Allemands trouvés en armes dans huit jours sur le territoire français, seront traités comme des chiens enragés.

La guerre démocratique, la voilà. Nous pouvions la faire : nous ne pouvions faire la vieille guerre impériale, rêve de M. Gambetta.

Lui-même n'a pu s'y tromper. Mais il était doux de jouer au proconsul, de remuer des masses humaines, de palper des budgets, de viser des traités de fournitures, de nommer des nuées de fonctionnaires, de préparer des élections opportunistes et de fonder sa grandeur sur le déchirement de la nation et l'abaissement du peuple.

Il était clair, dès nos premiers désastres,

pour quiconque réfléchissait et voulait franchement la lutte, que nous ne pouvions opposer des masses concentrées à la savante organisation allemande, et que la seule force qui pût faire échec aux lourds calculs de l'arithméticien de Berlin était la libre initiative, l'éclat, la hardiesse, la promptitude du génie français : *Condé contre Piccolomini*, M. de Moltke n'a pas craint autre chose, et si elle n'eût pas été trahie par toute la politiquaille, la France était prête.

Je soutenais cette thèse ; mes articles passaient de main en main, et j'entendais, en sortant des bureaux du journal, les lecteurs, au faubourg et sur le boulevard, se dire l'un à l'autre :

— Il a raison ; c'est évident ; il n'y a que cela à faire.

On vint me trouver de toutes parts, des inconnus de tout rang, de tout habit, me tenant tous le même discours :

— Vous avez raison ; mais des paroles ne suffisent pas ; il faut passer à l'action, et pour cela il faut un homme. Soyez cet homme. Vous seul avez conçu le plan : vous seul pouvez l'exécuter.

C'était assurément à quoi je n'avais jamais songé.

— Eh! messieurs! je ne monte pas à cheval et je ne sais pas manier un fusil.

— Il ne s'agit que de manier des hommes, et vous le pouvez.

La proposition me parut folle. Songeant cependant que les caractères de haute initiative sont rares, qu'il serait difficile qu'aucun autre que moi réunît tous les termes de la conception à réaliser, qu'il ne s'agissait point de déployer de l'art militaire mais plutôt de neutraliser l'art militaire, enfin qu'il se trouverait des officiers capables pour l'exécution et qu'on ne me demandait que de prendre l'initiative du mouvement jusqu'à l'heure où émergeraient ses véritables chefs, je songeai aux moyens d'organiser d'abord la défense de Paris, et j'allai soumettre mes vues au général Schmitz.

C'était au moment où Napoléon III venait de confier le gouvernement de Paris à un ancien colonel de l'armée de Sébastopol qui lui avait servi d'agent confidentiel pour traiter cette affaire obscure où, comme on l'a déclaré dans le Parlement britannique, nous étions d'accord, les Anglais et nous, contre notre allié avec notre ennemi. M. Trochu connaissait donc la politique russe et le fond de beaucoup de choses. Pour ce choix, l'Empereur croyait avoir ses raisons. Si le général diplomate avait été sincère, il lui aurait dit, comme Henri IV à ses anciens amis du Parlement, quand il rappela les jésuites :

— J'ai toutes vos conceptions en la mienne, mais vous n'avez pas la mienne aux vôtres.

Le chef d'état-major du gouvernement de Paris, établi au Louvre en face du Palais-Royal, était le général Schmitz, dont la principale fonction semblait être de rendre le gouverneur de Paris inabordable, à moins qu'on ne fût introduit confidemment par des recommandations religieuses. Le sous-chef, qui concentrait l'action dans ses mains et tenait tous les fils que laissait échapper Trochu, était un homme très fin et très affable, le colonel Fay, qui gagna dans le siège ses galons de général. Le travail des bureaux, dont le personnel paraissait fort peu nombreux, était conduit par un jeune capitaine intelligent, M. Hérisson d'Irisson, aide de camp du gouverneur, chargé des missions difficiles ou délicates, et initié aux vues du gouverneur si quelqu'un pouvait l'être.

Je dis au général Schmitz :

— Paris sera investi un jour ou l'autre, et l'on n'a pris jusqu'ici aucune mesure pour le protéger. Vous n'avez pas d'armée pour le défendre. Paris pris, c'est le pays conquis, grâce à notre beau système de centralisation ; Paris libre, c'est la résistance, c'est la lutte. Paris ne peut compter que sur lui-même. N'essayez pas de l'enrégimenter : vous n'en tireriez pas une force régulière qui pût tenir campagne ; mais il fera merveille comme force libre.

Il s'agit avant tout de remuer des montagnes de terre. Vous n'avez pas de soldats ; mais vous avez des travailleurs. C'est en ce moment une guerre défensive à coups de pioche qu'il nous faut faire. Employez-y deux cent mille hommes, autant de femmes, sans compter les enfants, qui voudront aussi être de la fête. Ce n'est pas une affaire de tactique, mais de cœur et de bras.

D'Ivry au mont Valérien, je couronne de camps retranchés les hauteurs de la rive gauche. Il est d'autant plus urgent de les armer, que les vallées de la Champagne y conduisent l'ennemi, qui, si nous ne le devançons pas, nous bombardera de Châtillon ou de Meudon.

Dans ces camps j'exerce et j'accoutume à la vie dure mes corps de volontaires, rigoureusement séparés de la famille, des camarades et du comptoir de zinc. Au début, tous s'enrôleront avec enthousiasme et jureront ce qu'on voudra. Le difficile sera de les habituer à la discipline. Pour cela il faut qu'ils ne respirent que l'air du camp en attendant celui du combat, — la poudre, l'exercice, le travail, le chant de guerre, sous des sanctions terribles contre tout lâche, tout nonchalant ou tout rebelle.

Dans la plaine, couverte par des fossés, je reçois les bestiaux réquisitionnés sur un périmètre de trente lieues. J'accumule les subsistances, les récoltes, les fourrages, dans cet immense oppidum. Au delà je fais le vide.

Les hauteurs des environs de Paris opposent au nord et au nord-est, sur des plans de circonvallation divers, des difficultés sérieuses au passage de l'artillerie ennemie. Je fais étudier par des officiers d'état-major les tranchées à creuser pour relier ces points, en plaçant des corps volants et des batteries de campagne derrière des redoutes. L'ennemi ne sera pas ici avant un mois : nous avons tout le temps d'exécuter les travaux.

Je rejette dans le Midi tout ce qu'il se pourra de bouches inutiles ; j'installe le reste dans des casernements salubres, sous les murs de la ville, et je le dérobe au joug prussien et aux langages de la trahison.

Trois cent mille hommes valides de l'Ile-de-France et des contrées voisines, organisés en corps francs locaux, vivant chez eux, se repliant sur Paris en cas d'attaque, reprenant leurs positions dès que l'envahisseur se retire, remarquant ses points faibles et le décimant en détail, n'offrant aucune prise et rebondissant sous la pression, opposeront à l'approche de l'ennemi des obstacles inextricables.

Un corps mobile de quelques milliers de fantassins et de mille cavaliers, composé d'anciens soldats recrutés dans Paris, jeté d'abord dans l'Ouest pour la liberté de ses mouvements, formé par petites compagnies sous la responsabilité du chef, et dissimulant sa présence par sa dispersion, logeant dans les maisons du pays, reliant les corps communaux et communiquant avec eux par des estafettes vêtues en paysans, à la fois partout et nulle part, avertissant la place par des signaux, obéissant avec précision à une seule pensée grâce à son extrême mobilité, éclairera les mouvements de l'ennemi et se tiendra à même de jeter à l'improviste sur un point nommé trente ou quarante mille combattants, peu expérimentés sans doute, mais aidés par les lieux, par les travaux de défense, par l'émulation mutuelle, par la certitude du succès s'ils résistent et de la ruine s'ils reculent, surtout par la confiance dans un chef qui les traite en hommes et ne les conduit qu'au péril prévu.

Paris, rendu ainsi inexpugnable, montrant que l'intelligence peut quelque chose même contre l'artillerie prussienne, se faisant vraiment tête de peuple, et illuminant la France des étincelles de son génie, suscitera des héroïsmes sur tous les points de la nation. C'est à cette condition que vous vaincrez.

Voilà, en résumé, le plan que j'exposai au général, dans l'excitation nerveuse que la gravité des circonstances excusait.

Il fut d'abord surpris, et demanda diverses explications. Quand il eut compris, il fit un soubresaut, et me dit vivement :

— Monsieur, ce plan est admirable. Il ne faut pas perdre un moment pour l'exécuter, si nous ne voulons pas voir ces c... de Prussiens venir manger nos salades à notre porte.

Je vis le même jour M. de Grimont, neveu et aide de camp du ministre de la guerre, de qui relevait toute autorisation d'enrôlement. Il se montra moins enthousiaste que le général Schmitz. Cependant sa conclusion me fut favorable.

— Dans les conjonctures actuelles, nous ne pouvons, me dit-il, refuser le concours de l'initiative individuelle. Adressez une demande régulière au ministre, et vous recevrez immédiatement l'autorisation que vous sollicitez.

Cela se passait près d'un mois et demi avant l'investissement de Paris, et durant cette période aucune mesure ne fut prise par le gouvernement ni pour armer les citoyens, ni pour opposer aucun obstacle à l'approche de l'ennemi. Le capitaine d'Irisson m'a raconté lui-même qu'il avait dû aller en personne à cheval faire couper le pont de Joinville, à quatre heures du matin, au moment où les Prussiens allaient y passer, et revenir à neuf heures prendre au Louvre la direction des bureaux,

Je fis ma demande le jour même de mes démarches, et, sur les encouragements et la promesse que j'avais reçus, je préparai sans retard l'exécution du plan proposé.

J'étais déjà entouré d'un corps d'officiers capables, élèves des grandes écoles de l'État ou anciens officiers de Garibaldi ou de l'insurrection polonaise. Je faisais étudier les routes sur les cartes d'état-major, mesurer les altitudes, tracer les lignes stratégiques, déterminer les points où devaient commencer les travaux.

Je ne diminuerai en rien la reconnaissance due aux courageux capitaines qui s'occupaient au même moment de lever des corps de volontaires et qui se sont illustrés par leur courage, en remarquant que leur action partielle n'eut aucun rapport avec un plan d'ensemble auquel elle se fût naturellement rattachée et qui avait pour but de mettre en mouvement la population tout entière, de rompre l'inertie des pouvoirs publics et d'organiser systématiquement la défense de toute la province de Paris, base et point d'appui de la défense nationale. Sur ce terrain, plutôt politique que strictement militaire, de l'organisation générale de la défense, mon initiative individuelle était unique, en présence de l'action des pouvoirs publics, qui fut presque nulle jusqu'en octobre.

Il n'y a donc pas à s'étonner qu'il me fût fait chaque jour des propositions fantastiques, invraisemblables, et dont je ne pouvais contrôler la valeur. Des chimistes, des ingénieurs m'apportaient des engins avec lesquels cinquante hommes résolus pouvaient détruire une armée. Mille plans m'étaient soumis. Des concours étrangers m'étaient offerts. L'élément polonais abondait.

Voyant dans l'écrasement de la Prusse le réveil de la Pologne, tous les débris de l'insurrection de 1863 accouraient. Je voyais se dresser, fiers et braves, ceux dont j'avais écrit dans mon Ode déjà citée :

Que l'univers témoin les accueille ou les raille ;
Que leur cause à son heure, au gré de la bataille,
Rencontre la pitié, l'envie ou le dédain ;
Qu'on les nomme brigands, héros, martyrs, qu'importe ?
Des tombeaux recouverts, toujours par quelque porte
S'échappe un feu vengeur, qui brillera demain.

Ils étaient là, prêts et debout, identifiant la cause de la France avec la leur, mettant à ma disposition des compagnies entières, qui ne demandaient pas de solde et apportaient leurs armes. On me promettait, dès qu'une flotte française se présenterait en vue de Dantzig, la marche sur Berlin de cinquante mille Polonais des provinces orientales de la Prusse.

J'ignorais à cette époque l'usage que nous pouvions faire de notre marine et de nos corsaires pour saisir la marchandise allemande sur navires neutres, et par là en trois mois ruiner l'Allemagne et l'affamer. C'est en Angleterre qu'on m'a demandé tout d'abord :

— Pourquoi ne vous êtes-vous pas servis de votre marine ? La Déclaration de 1856 vous l'interdisait ; mais cet instrument diplomatique, qui n'a jamais été ratifié et qui viole le droit naturel des peuples, est depuis longtemps considéré par l'Angleterre comme nul de plein droit.

Aujourd'hui notre avantage sur mer ne serait plus le même. Tandis que nous admirons depuis dix-sept ans les tours de passe-passe des clowns de l'opportunisme, l'Allemagne et l'Italie se sont fait une marine, et un ancien ministre de la nôtre constate qu'elle est dans un piètre état.

Ignorant alors de cette question, comme le

sont encore presque tous les Français, je cherchais, par mes correspondances étrangères, le moyen d'éveiller les sympathies des petits peuples dont le droit repose sur les principes de la Révolution, et de déterminer en notre faveur un mouvement d'opinion en Europe. M. Thiers s'est humilié devant les gouvernements pour obtenir une paix honteuse, mensongère et malassise. Je voulais m'adresser fièrement à une ligue des peuples pour asseoir les bases d'une paix glorieuse et féconde.

Jugeant que Paris disposait de plus de forces qu'il ne lui en fallait pour sa défense, et que plus il en aurait jeté dans l'action plus il en produirait de nouvelles pour la poursuivre, mon premier acte, l'autorisation officielle reçue, et sans préjudice des travaux immédiatement entrepris autour de Paris, eût été d'employer les premières formations de corps pour jeter dix mille hommes dans les passages des Vosges, non encore franchis, puis dix mille, dix mille, dix mille encore ; mon second acte, de provoquer à Lyon une concentration des volontaires du Sud-Est destinée à menacer la Bavière.

L'autorisation promise ne vint pas en
temps utile pour une action sérieuse, et quand
elle vint, le désarroi politique s'opposa à toute
action. C'est ainsi que nous avons assisté à
cette suprême honte : tandis qu'au seizième
siècle, sous la monarchie des Valois, l'invasion des Espagnols et des Impériaux fut
arrêtée par la Provence transformée en désert,
nos Thermopyles de l'Est, marqués à tous les
regards de traits lumineux par les souvenirs
de la Révolution, n'ont pas été défendus en
1870.

Le 5 septembre, en présence d'un gouvernement nouveau, issu de la nécessité de l'action, et qui allait sans doute se hâter de la
diriger ou du moins de la provoquer, l'autorisation brusque sur laquelle je ne comptais
plus me saisit par surprise.

J'avais eu, la veille, l'amusement de voir,
sur les quais, les sergents de ville poliment
conduits au poste par ceux qu'ils y traînaient
auparavant ; mais les noms des gens qui occupaient l'hôtel de ville ne me disaient rien
qui vaille, et je sentais qu'il ne pouvait plus
être question d'une guerre révolutionnaire,

puisque la révolution était censée accomplie, et que, la révolution ainsi escamotée comme l'avait été l'Empire, il n'y aurait que des intérêts particuliers en jeu et pas de défense nationale.

Fort peu encouragé par la perspective des embarras inutiles que j'allais me mettre sur les bras au milieu de la cacophonie politiquante, j'aurais bien voulu n'avoir à me mêler de rien. Mais le vin était tiré, il fallut le boire, et la lie en fut amère.

J'avais sous la main le *Journal de la guerre*, qui tirait à quatre-vingt mille exemplaires. J'y lançai mon appel aux armes.

Je couvris Paris des affiches rouges de la *Guérilla de l'Ile-de-France*.

Je fis soumettre au ministère, — par hasard sans ma signature, — la liste d'une cinquantaine d'officiers, qui reçurent aussitôt leur commission.

Le lendemain, 6 septembre, j'établissais mon état-major dans la première cour du Palais-Royal, où je fus reçu fort galamment, en ma qualité de professeur libre de la Sorbonne plutôt que de commandant de guérilla, par Anatole Duruy, ancien secrétaire général du ministère de l'instruction publique, transformé par le malheur des temps en commandant militaire du palais célébré par Corneille comme la merveille du monde entier.

Une quantité énorme de chassepots et de cartouches me fut remise par le ministère de la Guerre ; mais pas d'argent : ce point concernait l'Intérieur, c'est-à-dire M. Gambetta, contre qui j'avais publié, vers la fin de 1869, quelques articles.

J'installai deux bureaux d'enrôlement, auxquels je préposai mon secrétaire, Régulus Fleury, un républicain de naissance, — son prénom l'indique, — et que je connaissais depuis quatorze ans. Par lui et par un étudiant en médecine polonais, quelque peu condamné à mort dans son pays, nommé Goldstein, je savais tout sans observer rien.

Au premier de ces bureaux, on signait son engagement. On passait ensuite au second, où, suivant l'âge, les aptitudes et les antécédents militaires, on était inscrit à son rang. On était dirigé aussitôt dans la seconde cour, où l'on recevait un fusil ou un sabre ; on commençait l'exercice, et l'on ne s'en allait plus.

L'enrôlement se faisait par bandes. Le fils y accompagnait le père, la blouse y coudoyait la redingote, et les bottes neuves y venaient après les souliers troués et les pieds nus. Tout le Paris impatient de la défense nationale envahissait la place du Palais-Royal, et de son enthousiasme troublait la quiétude de M. Trochu, qui pouvait tout voir de ses fenêtres.

J'avais un excellent corps de sous-officiers instructeurs. Les compagnies se formaient et manœuvraient comme par enchantement; mais il fallut, dès le premier jour, limiter leur organisation, faute de solde et de gîte, en continuant l'enrôlement sur le papier. On s'inscrivait aussi au *Journal de la guerre*. Si, au bout de peu de jours, je n'avais dû, la solde m'étant refusée, clore les registres d'inscription, l'enrôlement eût été illimité.

Les pauvres gens qui composèrent les premières compagnies, après une journée d'exercices, couchaient sur la paille nue sans avoir dîné, attendant leur solde de cinquante centimes. Je tenais des postes au centre de la ville, et c'étaient des va-nu-pieds affamés qui, gravement, formaient des patrouilles, faisaient

des rondes, demandaient le mot d'ordre, arrêtaient les gens ivres et protégeaient la sécurité des citoyens.

Je me fis, un soir, arrêter par eux, dans la
rue Saint-Honoré, faute du mot d'ordre, pour
voir s'ils procédaient correctement.

Je courais toutes les administrations pour
obtenir les subsides qui m'étaient alloués par
la loi et refusés par le ministère. Un ami commun m'adressa à M. Henri Brisson, l'un des
adjoints du maire de Paris. Cet homme aus-
tère me répondit sèchement et avec mauvaise
humeur que le devoir de tout citoyen était
d'entrer dans la garde nationale, qui ne fut
organisée que six semaines après, si tant est
qu'elle l'ait jamais été.

Le 14 septembre au matin, le chef de bureau de la comptabilité, au ministère de l'Intérieur, me dit en me voyant :

— Enfin, toutes les difficultés sont levées.
Vous allez toucher votre arriéré; puis, jour
par jour, il vous suffira d'envoyer vos encais-
sements par un officier d'intendance.

— Attendez-moi, ajouta-t-il en se levant,
mes feuilles de compte à la main. Une simple
formalité... La signature du ministre.

L'arriéré qui allait m'être soldé se montait à une quinzaine de mille francs. Je n'avais encore rien touché. Les hommes n'avaient reçu aucune distribution de vivres depuis deux jours.

Le chef de bureau revint pâle, atterré.

— Je ne puis, me dit-il, vous donner aucune explication. Je ne comprends pas. Lisez.

Il me mit une feuille sous les yeux, portant en marge, de l'écriture de Gambetta :

— Jean Larroque (*sic*). Refuser toute allocation.

Plus bas, de la même écriture, forte et noire :

— Armand de Vezin...

Et quatre lignes marginales qu'on ne me permit pas de lire.

Cet Armand de Vezin s'était présenté à moi avec les meilleurs titres militaires. C'était un ancien officier ; il avait bonne prestance, le ton du commandement, de l'intelligence, de la capacité, de l'instruction. Il mettait à son engagement la condition que je le placerais à la tête de l'état-major ; j'y avais consenti. Tous mes ordres, dès lors, passaient par ses mains. La veille du refus d'allocation, il s'était entretenu bas devant moi avec le chef de bureau. Je le révoquai. Il passait pour un agent orléaniste.

En sortant du ministère je me fis conduire aux bureaux de M. Alphonse de Rothschild, à qui je dis :

— Des milliers d'hommes prêts à partir pour la défense de la ville manquent de pain depuis deux jours. Par un motif d'inimitié personnelle à mon endroit le ministère le leur refuse, malgré la loi. Par raison d'urgence, je viens à vous.

Il me tendit un billet de banque de cent francs, avec lesquels on acheta du pain.

J'envoyai des demandes aux compagnies d'assurances; je reçus dans la journée six mille francs. Des souscriptions ouvertes le lendemain avec l'autorisation des maires, permirent d'équiper huit compagnies.

Mais j'avais reçu, le soir, du gouverneur l'invitation de me rendre à son cabinet. A mon arrivée, le général Schmitz accourut.

Je n'ai jamais pu voir le gouverneur, quoiqu'il m'ait fait appeler plusieurs fois. Le général Schmitz s'est toujours interposé.

—Vous faites de belles choses, me dit-il. Vous

armez Belleville, vous enrôlez Assi et Mégy.

Pour Mégy, je n'en sais rien. Le fait est possible, car j'enrôlais tout le monde.

Quant à l'autre, l'accusation était fondée. Le pauvre garçon m'était venu trouver avec son béret et sa vareuse, et m'avait dit :

— Je n'ai pas de travail. Je meurs de faim. Employez-moi.

Comme il était ouvrier mécanicien, je lui avais confié l'entretien des armes, en lui donnant à titre provisoire la qualité de lieutenant sans commission ministérielle, et cinq francs par jour.

C'est ce que je répondais au général, quand M. Ernest Picard, ministre des finances, vint à passer.

Le général l'appela et lui conta le cas :

— Voici M. Larocque, à qui nous avons donné des autorisations, confié des armes. Il s'en sert pour organiser l'insurrection. Monsieur le ministre, qu'en pensez-vous ?

— J'en suis d'autant plus surpris, dit finement M. Picard, que M. Larocque ne nous a pas habitués à le considérer comme si ennemi que cela de l'autorité.

Sans relever le trait, je répondis :

— Laissez-moi parler avant de juger. L'investissement de Paris est proche. Vous n'avez pris jusqu'ici aucune mesure pour l'empêcher. Les plans que j'avais proposés, il y a plus d'un mois, au précédent gouvernement, ne sont plus réalisables; ce qui est encore possible, je m'occupe de le faire. Il y a dans Paris quarante mille hommes, au bas mot, que vous n'avez pas, que vous ne voulez pas avoir, qui ne marcheront pas avec vous, et qui restent prêts à compliquer la guerre d'une insurrection à votre première défaite sous Paris. Ces hommes sont braves. Ils me demandent à marcher à l'ennemi. Je les y envoie. Je prends à votre place les mesures que vous devriez prendre. Je les emploie à couper les routes, à établir des tranchées, des batteries : aimez-vous mieux qu'ils élèvent contre vous des barricades? Je retarde l'investissement; je vous donne le temps d'organiser la défense, et en agissant ainsi, je ne crois pas faire acte de mauvais citoyen.

M. Picard hocha la tête, puis regarda le général et lui dit :

— Mais il me semble que ce n'est pas trop mal raisonner, et pour ma part, je serais assez de cet avis. Vous feriez peut-être bien de prêter l'oreille à ces considérations-là.

— Hum ! fit le général en pivotant sur ses talons : c'est un peu bien irrégulier. D'ailleurs, je n'ai qu'une réponse à faire à M. Larocque : ce n'est pas l'avis du gouverneur.

M. Picard hocha de nouveau la tête, et, me regardant :

— Le gouverneur, dit-il, a probablement ses motifs, et, entre nous, je crois que vous feriez bien de vous rendre au sentiment du général.

— Monsieur Picard, répondis-je, j'agis en vertu d'une autorisation du gouvernement. Le gouvernement, s'il le juge utile, peut me la retirer, en donnant publiquement le motif de cette mesure. Il peut me soumettre à un jugement public si j'ai commis quelque faute. Mais tant que l'autorisation d'agir sera dans mes mains, il est de mon devoir d'en user.

Sur ces derniers mots, je saluai et je sortis.

Après cette bizarre scène, je passai toute la nuit dans une douloureuse anxiété. Les difficultés s'accumulaient autour de moi. Je savais dès lors que tout était préparé pour la capitulation, et rien pour la défense. Toutes les administrations se renvoyaient la balle de l'une à l'autre. « On nous laisse tout à faire, » me disait Spuller à l'Intérieur. « Nous n'avons rien à faire, » me disait un directeur de la Guerre. De l'Intérieur, tout se concentra au Louvre, où régnait l'inaction systématique. Tous les bureaux se déclaraient incompétents. Les affaires de police subissaient quatre ou cinq stations, et les questions n'étaient jamais résolues. Dans ce gouvernement bizarre, on pouvait entrer partout, mais on ne trouvait personne qui eût un pouvoir ou une volonté. Tout aboutissait au *Plan Trochu*, au système de l'extinction des énergies.

A l'Hôtel de ville, sous le patronage d'Étienne Arago, régnait l'opposition maussade de MM. Floquet et Brisson, entourés de leurs camarades ; une petite république doctrinaire et d'amis, très étroite, très jalouse, très puritaine, poursuivant un tout autre but que la défense, et par-dessus tout très impuissante ; d'ailleurs hostile à mon action et à ma personne.

Je n'avais à espérer appui ni justice de nulle part. Ayant contre moi l'Intérieur et le Louvre, je ne pouvais rien. Privé de la solde, je n'avais plus d'autorité sur mes hommes. Mon unique force était mon influence personnelle sur quelques officiers intelligents ; mais ceux-là précisément étaient tenus en défiance par les sous-officiers, et les autres, incapables, me gênaient.

Dans la précipitation de la première heure, j'avais accueilli tout le monde, y compris un général du Japon, et je vois encore l'effroi comique de l'avocat Bigot et de mes confrères de la presse, qui m'avaient gracieusement au début accordé leur concours moral, quand ils aperçurent certains noms accolés aux leurs.

— Vous nous associez, s'écriaient-ils, avec des condottieri, avec des brigands, des chefs de bandes !

— Eh ! croyez-vous, leur répondis-je, que l'on fasse la guerre avec des gants beurre frais ?

Des coureurs de grand chemin obtinrent ainsi des commissions d'officiers supérieurs, qu'ils se hâtèrent de montrer à Gambetta. Dès le 6 septembre, celui-ci s'empressa de les munir de chaudes recommandations pour ses amis de la province, où ils allèrent réquisitionner pour leur compte. Je dus télégraphier aux préfets que leurs commissions sans mes ordres étaient de nulle valeur, en priant qu'on mît ces forbans sous les verrous.

Restait à Paris un ancien sous-officier muni d'une commission de colonel, qu'il a gardée malgré le gouverneur, déclarant qu'il se laisserait tuer plutôt que de la rendre ; qui fut décoré à ce titre, et qui a reçu récemment au même titre des lettres du général Boulanger, alors ministre, et des invitations de la présidence. Ce colonel André Péri était un brave soldat, et je ne puis oublier que, le soir même où je supprimai son grade, un de ses séides s'étant jeté sur moi le sabre levé, il se plaça énergiquement devant l'arme de ce furieux en lui opposant la sienne et en s'écriant :

— Vous passerez sur moi avant de toucher à mon chef.

J'avais grande confiance dans sa loyauté et sa bravoure ; mais il était manifestement incapable de diriger une action d'ensemble, et les officiers instruits refusaient de lui obéir.

L'amour du galon produisait des effets merveilleux. Tous les nouveaux commissionnés s'affublaient de leurs costumes une heure après, par les soins de mon intendant, un comptable nommé Sylvestre, qui s'ornait de cinq ou six galons blancs, et prétendait avoir droit à davantage.

J'avais espéré qu'il sortirait des choix faits à la hâte des chefs capables. Je m'étais trompé. Je n'avais tout au plus autour de moi qu'un petit nombre de capitaines de compagnies, et les plus instruits, sans lien direct avec les hommes, manquaient d'autorité.

J'étais donc réduit à annuler toutes les commissions d'officiers supérieurs, ce qui me fut possible, en arguant auprès du ministère de ce qu'elles avaient été irrégulièrement délivrées.

— Elles l'ont été sur votre ordre, me dit-on.

— Montrez-moi ma signature.

On ne put la trouver.

J'eus honte d'employer ce subterfuge, mais il était nécessaire.

Je devenais ainsi le chef militaire du corps, dont j'avais pensé n'être que l'organisateur, et il fallait que je remplisse les fonctions d'un commandant effectif, sous peine de déshonneur.

En supposant que je pusse former réellement des compagnies solides, par escouades
de dix hommes, avec dix chefs d'escouade
sûrs de leurs hommes et consentant à obéir
au chef de la compagnie, je devais être prêt
à me placer moi-même au centre de l'action,
dans le pays occupé ou menacé par l'ennemi,
et à diriger par des aides de camp toujours
en campagne les mouvements des diverses
fractions du corps disséminé. C'était assumer
une responsabilité grave. J'en mesurai toute
l'étendue, et lorsque je me rendis le matin au
ministère de la guerre, pour faire retirer les
commissions d'officiers supérieurs, cette nouvelle perspective, si périlleuse qu'elle fût, ne
me parut pas manquer de charme.

Un ordre du gouverneur me força de quitter
le Palais-Royal. Je me réfugiai au péristyle
du Châtelet. C'est là que j'amenai le capitaine
d'Irisson, délégué par le gouvernement.
Comme nous sortions ensemble du Louvre,
la rue de Rivoli se trouva barrée par les fourgons de l'artillerie dirigée vers l'est de la ville.
Le capitaine franchit légèrement la ligne des
fourgons lancée au galop ; je dus l'imiter. Sa
réception au Châtelet fut très militaire et très

digne. Il supplia Péri de rendre sa commission, mais ne le força pas.

Le lendemain, pendant que je présidais un conseil d'officiers, où furent traitées des questions graves, devant plusieurs personnes compétentes et autorisées qui s'occupaient activement de la défense, j'appris que les sous-officiers, réunis en grand nombre par mon ordre dans une salle voisine pour régler les points de détail de leur ressort, se proposaient de demander l'élection des officiers. Je les tançai durement de leur audace lorsqu'ils sortirent, et ils passèrent la tête basse. Cette conspiration était l'œuvre de Péri, absent du conseil, et d'autres personnes dont il est inutile d'inscrire ici les noms.

La nuit venue, à la lueur des lampes, je vis scintiller des faisceaux d'armes, dont le dépôt se trouvait dans une petite salle voisine à notre droite : on transportait ces armes sur la place. Je demandai à un sergent d'après quel ordre il faisait déplacer ces chassepots.

— Sur l'ordre du *capitaine* Assi.

— Faites-le venir.

— Lieutenant Assi, qui vous a donné le grade de capitaine ?

— Le colonel Péri.

— Faites venir le colonel Péri.

— On ne sait où il est.

Cet essai d'enlèvement des armes prouvait que le gouverneur était mieux informé que moi de ce qui ce passait sous mes yeux.

Assi mis aux arrêts, j'allai demander au gouverneur l'arrestation de Péri et de sa bande.

On me répondit :

— Arrêtez-les vous-même.

Le commandant qui était, je crois, le secrétaire du général Schmitz, ajouta à voix basse :

— Ne pourriez-vous faire jeter ces gens-là à la Seine et nous en débarrasser?

A la préfecture de police, je vis inutilement M. Caubet, à qui je remis une plainte en règle, signée de dix-huit officiers commissionnés, contre Péri, Sylvestre et leurs complices, pour port illégal d'insignes : la police ne se mêlait pas des questions militaires. A la ville, même abstention de tout ce qui concernait la défense.

Je ne pouvais cependant pas faire arrêter par les hommes du corps leur propre chef, à qui le délégué du gouverneur n'avait pas osé enlever sa commission de colonel.

Il ne me restait qu'à donner ma démission. Je voulus, avant de me retirer, achever l'équipement des premières compagnies. Il manquait pour cela cinq cents ceinturons ; malgré de nombreuses démarches, mon intendant ne pouvait en obtenir livraison. Je dus courir le lendemain toutes les administrations ; accompagné du chef de cabinet du ministre, je m'adressai successivement aux divers directeurs du ministère de la Guerre. Cet important objet ne regardait personne. Un de ces messieurs, debout à son bureau, les mains croisées derrière le dos, me disait nonchalamment :

— Vous voyez ce que nous faisons. Nous ne sommes rien.

Il fallut qu'à cinq heures du soir le ministre me donnât lui-même sa signature, nonobstant l'incompétence. Je dus aller prendre les ceintures au magasin, au quai de Javel, je ne sais où, et les apporter dans ma voiture.

Les sous-officiers avaient profité de mon absence pour faire une démonstration dans la cour du gouverneur, qui s'était empressé de les autoriser à élire leurs officiers.

Ces élections eurent lieu le lendemain, et naturellement messieurs les sous-officiers s'élurent entre eux. Sauf Péri, en qui ils reconnaissaient l'un des leurs, et moi, qu'ils n'osèrent éliminer, mais qu'ils réduisirent à la dignité calme de commandant *honoraire* de la guérilla, aucun des officiers commissionnés ne fut élu.

Mes amis m'apportaient ces nouvelles chez moi, où je m'étais confiné comme malade, et s'étonnaient que je laissasse aller les choses, désespérés de mon inaction. Quand tout fut fini, je m'habillai.

Fleury me dit :

— Il est bien temps. Où vas-tu ?

— Je vais au Louvre.

— Défaire ce qui a été fait ?

— Au contraire ; le faire sanctionner et me débarrasser de ces imbéciles.

Il éclata de rire.

Au Louvre, je dis au colonel Fay :

— Vous avez sans doute appris ce qui s'est passé aujourd'hui au Châtelet. J'ai respecté l'ordre du gouverneur. Maintenant je vous prie de vouloir bien prendre la direction de ces compagnies, et en faire ce qu'il vous plaira.

— Nous pouvons vous forcer à les commander.

— Vous ne pouvez me forcer à commander un corps où la discipline ne repose que sur l'ascendant moral des officiers, du moment qu'ils sont soumis à l'élection.

— Il est vrai, me dit-il, que le gouverneur a eu là une étrange idée. Je suis personnellement de votre avis. Il applique le même régime à la garde mobile. Je n'en augure rien de bon. On ne peut faire des troupes avec ce système.

Je restai avec mes officiers et mes listes d'enrôlement, que rendit inutiles le décret du 11 octobre.

Le colonel Fay se plaignit un jour de ce que mes compagnies lui donnaient plus de tracas que tous les autres corps ensemble, ajoutant que je devrais bien m'en occuper un peu.

— A quel titre ? Ils m'ont élu commandant *honoraire*.

On finit par les incorporer à l'armée régulière, ce qui valut à Péri la conservation de son grade.

Un jour que je sortais d'un restaurant du boulevard, deux officiers, dont un ancien pitre, se précipitèrent sur moi, en excipant d'un mandat d'arrêt signé Trochu.

La foule s'ameutait. Je réussis à m'élancer dans une victoria, en criant haut :

— Chez le gouverneur de Paris !

Là, je dis au général Schmitz :

— Le scandale public n'était pas nécessaire. Veuillez m'indiquer mon lieu d'arrêt.

— Quelle est cette plaisanterie ?

— Je ne plaisante pas. Je viens d'être arrêté en plein boulevard Montmartre par deux officiers porteurs d'un mandat d'arrêt signé par le gouverneur. J'ai vu mon nom et la signature, avec le cachet du gouvernement.

— Je n'ai connaissance de rien de tel.

La plaisanterie émanait d'un de mes confrères de la presse, nom très connu, pour qui j'avais bénévolement obtenu une commission de lieutenant d'état-major et qui, paraît-il, s'était ligué avec Péri et fait introduire au Louvre. Je n'ai jamais su jusqu'à quel point le gouverneur et le général Schmitz avaient *coupé* dans la supercherie qui aurait, a-t-on dit. glissé mon nom à la place d'un autre. Il est au moins irrégulier qu'on n'ait pas jugé à propos de tirer la chose au clair. Et qui donc le gouverneur voulait-il faire arrêter ? Les valets qui essayèrent de me saisir avaient-ils pour mission de m'entraîner dans un des postes de la guérilla, où j'aurais été simplement supprimé, suivant le conseil qui m'avait été donné pour les autres? L'éclat que je donnai au guet-apens empêcha-t-il de renouveler le coup? Je l'ignore. Un des capitaines issus de l'élection ordonnée par le gouverneur, un jour, à Londres, devant moi, était ironiquement interrogé pár un de ses amis :

— Pourquoi, capitaine Bourgeois, êtes-vous allé dans la cour de Trochu réclamer contre le commandant Larocque ?

Il répondit naïvement :

— Parce que nous nous étions mis dans la guérilla pour piller, et que nous savions qu'avec le commandant Larocque on ne pillerait pas. D'ailleurs, personne n'ignorait que le gouvernement ne lui laisserait pas accomplir ses plans : ils étaient trop beaux. Il voulait la défense de Paris ! La défense de Paris : allons donc ! Les autres ne s'occupaient, comme nous, que d'emplir leur caisse.

Étant donné ce que je savais des dispositions du gouvernement, je n'avais plus rien à faire à Paris. Je songeai à la province, aux ardeurs religieuses du Sud. Là, les enthousiasmes ne sont pas des feux de paille mouillée qui s'éteignent dès qu'on cesse de souffler dessus.

Accompagné de mes officiers, je me présentai très correctement au gouvernement de
Paris, et je demandai l'autorisation, pour moi
et pour eux, de traverser les lignes prussiennes, avec le nombre d'hommes que je
jugerais utile et possible d'emmener.

— Hum ! nous dit le général Schmitz, vous
avez, messieurs, les mains bien blanches
pour ce que vous voulez entreprendre là.

Il en parla cependant au gouverneur. Je
le revis. Pour couper court aux objections
qui m'étaient faites, j'engageai ma parole
d'honneur et celle des officiers de nous rendre
immédiatement à Tours et de ne rien tenter
sans l'autorisation du gouvernement provincial.

Après une assez longue hésitation, l'autorisation nous fut refusée. Il fallut chercher un
biais ; car je pouvais bien partir sans un
ordre, mais je ne voulais pas nous exposer à
être pris dans le pays pour des déserteurs ou
des espions. Puis, une pièce officielle quel

conque faciliterait les entreprises ultérieures.

Je me présentai chez **M.** de Kératry, qui naguère m'avait demandé pour la *Revue moderne* un travail sur la liberté des colonies. Il était membre du gouvernement de la défense et préfet de police. Il se préparait à quitter aussi Paris.

Je fus reçu d'abord par madame de Kératry, languissante auprès de son feu, qui, en sa qualité de créole, approuvait fort ma thèse des libertés coloniales.

M. de Kératry avait guerroyé au Mexique. Je lui proposai une escorte de vingt officiers et de trois cents hommes, qui, le sabre et le pistolet au poing, ferait sa trouée sur quelque passage mal gardé, l'investissement de Paris n'étant encore qu'approximatif.

— Cette façon de partir, me dit-il, me rappellerait d'anciennes habitudes, et me plairait. Mais je ne puis l'accepter, à cause de mon secrétaire, que j'emmène.

Ces messieurs partirent en ballon et Paris d'un éclat de rire. On se rappela le fameux *Si vis pacem para bellum*[1], que l'on avait tant

---

[1] Si tu veux la paix, prépare la guerre.

répété sous l'empire pour battre monnaie, et l'on en donna cette version libre, qui sema un peu de gaieté :

— *Si tu veux passer, pars en ballon.*

L'histoire ne nous dit pas si, au siège de Jérusalem, les Juifs se raillaient eux-mêmes par des jeux de mots.

Nous faisions aussi des jeux d'esprit, comme la réponse que Gambetta dicta pour moi à Spuller, quand je l'allai trouver muni d'une très flatteuse recommandation du maire de Paris, Étienne Arago :

— M. le ministre s'étonne que, partisan comme vous l'êtes de la défense individuelle, vous veniez demander l'appui de l'État.

J'avais eu la naïveté de croire que le souvenir de deux ou trois articles où le futur dictateur était percé à jour s'effacerait devant l'intérêt public, et l'intervention chaleureuse d'Étienne Arago m'avait paru devoir sceller un rapprochement utile au pays. J'appris que la vérité dite est un crime qui ne s'expie jamais.

Trois jours après, MM. Gambetta et Spuller partaient aussi en ballon.

On conçoit que Gambetta, qui paraissait

fort soucieux les derniers jours qu'il passa à Paris, ait préféré à la collaboration de M. Trochu dans Paris clos la province ouverte. Là son génie autoritaire put se déployer à l'aise. Il fit reposer sur sa propre expérience stratégique tout l'effort de la défense, et l'on vit cet orateur révolutionnaire, investi d'un pouvoir sans précédent au sein d'un pays dont le salut réclamait une convulsion suprême, absorber dans sa volonté toutes les initiatives et ne trouver d'autre parole pour relever de sa torpeur un grand peuple, que la vieille formule du despotisme : *Sic placet.*

Son départ mit singulièrement à l'aise M. Trochu. La confusion des pouvoirs cessa. Le Louvre, malgré l'exiguïté du local, concentra avec un soin jaloux toute la direction de la défense.

La mesquine opposition des taquins de la place de Grève gênait : un décret supprima la mairie de Paris. Etienne Arago, remercié en termes polis, fut remplacé par *Jules Ferry, délégué à la préfecture de la Seine,* qui, nonobstant le décret de suppression et l'incompatibilité alléguée d'une mairie de Paris avec un gouvernement militaire, signa, peu de jour après, ses actes publics : *Le Maire de Paris, Jules Ferry*.

Jules Favre cumula l'Intérieur avec les Affaires étrangères. La Trinité régnante Trochu-Ferry-Favre fut ainsi créée. Les autres ministres ne furent que les porte-queue du pouvoir.

On chargea par ironie M. Rochefort de faire des barricades.

M. Dorian, aux Travaux publics, s'occupa de la fonte des canons de la garde nationale, ces fameux canons que je fis hisser à Montmartre après le 26 février et qui furent l'occasion de la révolution du 18 mars. M. Dorian était fabricant de fer, et n'admettait pas, dit-on, qu'on employât d'autre fer que le *fer Dorian*.

M. Magnin, au Commerce, avait à s'occuper des subsistances. Durant les premiers mois du siège, le gaspillage des provisions accumulées par Duvernois fut énorme. Un des amis de M. Magnin lui avait dit, dès le début de son ministère :

— Vous disposez d'immenses ressources qui, bien aménagées, permettront à la ville de tenir en quelque sorte indéfiniment. L'aménagement à faire repose sur deux principes : réquisition générale contre indemnité ; répartition équitable à taux modérés.

— Vous avez parfaitement raison, répondit M. Magnin ; mais tout cela est parfaitement inutile, vu que nous traitons dans trois jours.

Je relevais, comme professeur, du ministre de l'instruction publique, M. Jules Simon. Je l'allai voir. Je l'avais déjà entrevu quelquefois ; il m'avait dissuadé naguère d'accepter les offres de collaboration de Victor Cousin. Debout devant sa cheminée, et les mains derrière le dos, il me dit de sa voix en fausset :

— Mais je ne comprends pas Trochu. On nous appelle gouvernement de la défense nationale, et il me semble que nous ne défendons pas grand chose.

— Et cela semble à tout le monde, monsieur Simon.

— Il faut que vous partiez, me dit-il avec l'énergie rhétorique qu'il sait prendre. Il faut que vous rompiez cet enchantement fatal qui nous énerve. Sommes-nous investis ? ne le sommes-nous pas ? enfin, nous n'en savons rien. Vous le verrez en y allant voir. Il faut agir. Impossible d'expliquer l'inaction de Trochu.

Il me promit de parler pour moi au gouverneur et de me faire accorder l'autorisation formelle de franchir les lignes d'investissement, avec les officiers et les soldats que je jugerais utile d'emmener. Il me donna sans désemparer pour la province des recommandations verbales.

Un moment après, même promesse d'Emmanuel Arago, ministre de la justice, auquel je dis :

— Prenez garde que l'animadversion qui m'est témoignée ne s'adrésse aux républicains.

Même promesse de Pelletan, membre du gouvernement sans ministère, à qui j'avais été présenté sous l'empire par le savant helléniste Courtaud Diverneresse.

Même promesse de M. Rampon, directeur des postes, qui devait me confier des dépêches du gouvernement, et qui examina longuement avec moi les difficultés du passage. Il me conseillait d'aller d'abord à Bourges, dont l'arsenal non défendu devait, pensait-il, attirer un mouvement prochain de l'ennemi.

Fort de ces assurances, j'allai faire mes adieux à la vieille Sorbonne. Le vice-recteur, M. Adolphe Mourier, me serra dans ses bras devant les autorités académiques, et m'adressa de chaleureux encouragements, au nom des traditions de l'héroïsme classique, saluant en moi l'alliance des devoirs de la cité à ceux de la philosophie. Sa voix tremblait, ses yeux eurent des larmes quand il m'accompagna sur le perron de l'antique cour.

L'investissement, dont doutait M. Jules Simon, était devenu très réel. Je m'en étais assuré en visitant les avant-postes. Je n'avais pour cela ni laisser-passer ni mot d'ordre. Je me contentais, en arrivant près d'un poste, aux fortifications, sous les forts ou aux dernières lignes de défense, de ranger en bon ordre les officiers qui m'accompagnaient, marchant en tête d'une ferme allure. Le commandant du poste mettait ses hommes sur deux rangs, et j'en étais quitte pour répondre à la présentation des armes par un léger salut, sans regarder. On me prenait sans doute, à mes revers rouges, pour un officier de l'état-major du gouverneur. Le fait n'en était pas moins irrégulier, et je le signalai au général Schmitz, qui me dit simplement :

— Oh ! nous savons que le désordre est partout.

Un jour que je visitais les avant-postes de Vitry, des capitaines de la garde nationale du faubourg Saint-Antoine, qui désiraient voir ce qu'on appelle un avant-poste, avaient demandé à m'accompagner. J'admirai les travaux de défense de Charenton et des fortifications. Des fossés, des palissades, des petits murs dissimulés par les terres s'étendaient au loin. Au premier abord la plaine semblait inanimée ; peu à peu on apercevait des têtes dans tous les trous, surmontées de canons de fusil. Une vie cachée frémissait de toutes parts. Je franchis la ligne de nos dernières sentinelles, et je m'avançai jusqu'à deux cents pas de celles de l'ennemi, que j'apercevais derrière les arbres. Elles avaient sans doute l'ordre de ne pas dépenser de poudre ; car elles m'auraient abattu aisément, debout avec mes parements rouges au milieu de la route. Pas un coup de feu ne partit ; seulement le télégraphe aérien joua sur les hauteurs : ma reconnaissance était signalée. Je me pris à désirer une attaque qui m'aurait permis d'entraîner les faces que je sentais grouillantes derrière moi et de faire la trouée.

Après un quart d'heure d'observation, j'eus la fantaisie de regarder où en était mon ordre de bataille. Mon sous-intendant Senaillet, pour le respect de ses quatre galons blancs, se tenait assez ferme à quelques pas. Le reste avait disparu. Je découvris mon officier d'ordonnance, un brave de l'armée d'Afrique, couché prudemment dans un fossé. Mes autres officiers s'étageaient le long de la route, derrière les arbres. Quant aux capitaines de la garde nationale, nous les retrouvâmes nous attendant tranquillement à l'abri du dernier mur. Ils n'avaient certes rien de mieux à faire.

Il résultait de mes excursions que chaque motte de terre était occupée et gardée. Les environs de Paris étaient devenus un échiquier prussien, où le joueur avait l'œil sur chaque case. Ma connaissance des petits chemins ne me serait d'aucun profit. La ruse et l'habileté augmenteraient le péril.

Aussi, sans m'en expliquer franchement autour de moi, j'avais considérablement changé mon plan de sortie.

D'abord, je ne songeais à rien de moins qu'à

précipiter dans la direction la plus propice, une avalanche de trois à quatre cents hommes, allant droit devant eux et sabrant ou criblant tout sur leur passage. Ce plan, peut-être bon au début, quand je l'avais proposé à Kératry, était bien vite devenu impraticable.

Puis, je m'étais rejeté sur le passage nocturne de vingt-cinq officiers, cinq par cinq, sur des points étudiés d'avance et peu gardés, le revolver au poing, ou mieux le poignard : on n'userait du revolver qu'avec précaution. L'entreprise fut un moment réalisable, à la condition de ne pas rencontrer de grand-garde ; mais le moment de son exécution possible était passé.

Mes officiers, qui étaient braves et impatients d'agir, vivaient encore sur ce second plan. Mais j'y avais renoncé, ne voulant pas les conduire à une mort certaine. Je nourris un moment l'idée d'un départ à quatre ou cinq ; enfin je me déterminai à partir seul.

Je ne pouvais songer à un déguisement ; le costume m'était nécessaire de l'autre côté. D'ailleurs je ne suis point apte à glisser et à me cacher. Je ne pouvais que tenter la fortune, aller vite et droit, par une nuit sombre...

Je savais parfaitement que je ne forcerais point le passage, et qu'en ma qualité de franc-tireur je n'avais à espérer des Allemands aucune merci. J'allais donc à une mort parfaitement inutile : je le faisais par point d'honneur.

Aux membres du gouvernement qui lui demandèrent un matin à l'Hôtel de ville pourquoi il s'opposait à mon départ, la réponse du gouverneur de Paris fut :

— Messieurs, la défense ne regarde que moi. Si M. Larocque désire me parler, qu'il vienne me voir.

Telle, du moins, me fut-elle transmise par M. Emmanuel Arago.

Cette réponse reçue, je cours au Louvre. Je remets ma carte à l'huissier :

— Vite ! au gouverneur ! Il m'attend.

La porte conduisant chez le gouverneur était à la droite de l'huissier. Au lieu de s'y diriger, il jetait à sa gauche des regards désespérés. Par une enfilade de pièces peu profondes, dont les portes formant couloir étaient presque toujours ouvertes, le général Schmitz accourut.

Il me tendit cordialement la main :

— Bonjour, commandant ! Que désirez-vous ?

— Le gouverneur m'a fait demander par le ministre de la justice. Je lui envoyais ma carte, pour l'avertir de ma présence.

— Ah ! très bien. Je vais voir s'il est libre.

J'attendis une demi-heure.

Le général reparut l'air contracté. Il me dit :

— Entrez, je vous prie, dans mon cabinet, et causons.

Nous nous assîmes, et il reprit :

— Je connais votre affaire depuis le début et dans toutes ses phases. *Nous n'avons aucun reproche à vous adresser.* Nous n'avons pas disputé, dans des circonstances aussi exceptionnelles, quoique vous ne fussiez pas du métier des armes, votre droit à en assumer les responsabilités ; car nous savons que les grandes qualités militaires ne naissent pas du métier. Nous sommes persuadés que, si nous vous avions laissé agir à votre guise, vous seriez mort maintenant ; mais enfin c'est votre affaire, et l'on ne fait pas la guerre à la condition de ne pas mourir. Ce que vous nous demandez est bien simple, et je ne voyais pour ma part aucun inconvénient à vous l'accorder. Je me suis permis d'insister dans ce sens auprès du gouverneur ; alors il s'est produit une chose que je n'avais jamais vue ; lui, toujours si calme, s'est mis en colère ; il s'est levé violemment et a crié, en frappant du pied : *Non ! non ! non !* C'est la première fois que je le vois ainsi.

Entre nous, ajouta le général, vous pouvez me parler avec confiance : je n'abuserai pas de ce que vous me direz. Ce qui se passe là n'est pas naturel et doit avoir une explication. Évidemment je ne sais pas tout. Il doit y avoir quelque chose entre vous et le général Trochu. Dites-le-moi.

Je me mordis les lèvres pour ne pas répondre :

— Parbleu ! entre lui et moi, il y a la défense, que je veux, et qu'il ne veut pas !

Je me contentai de répondre :

— Il n'y a rien. Je n'ai jamais eu ni directement ni indirectement aucuns rapports avec M. le général Trochu.

Mes officiers furent consternés à cette nouvelle.

— Messieurs, leur dis-je, nous avons fait

notre devoir et nous sommes vivants : nous n'avons pas à nous plaindre. L'interdiction qui nous frappe, je puis maintenant vous le déclarer, n'atteint que moi : depuis plusieurs jours, j'avais résolu de partir seul, le passage étant manifestement impossible dans les conditions où nous voulions le pratiquer.

— Commandant ! s'écrièrent-ils, croyez-vous que nous vous eussions laissé partir seul ?

— Pardon, messieurs ! mais il me semble qu'au moins sur ce point vous auriez fait ce que j'aurais voulu. Le général Trochu vient donc simplement de me sauver la vie, et je lui en suis reconnaissant, s'il l'a fait par charité chrétienne.

Que chacun de vous, ajoutai-je, cherche désormais à s'employer utilement dans les cadres réguliers ; mais tenez-vous prêts, si cela est possible, pour une prochaine action commune. Un tel système ne peut durer, et dès que Paris ouvrira les yeux sur l'abîme où on le conduit, la liberté d'agir sera rendue aux fermes initiatives.

Forts de l'espoir que j'exprimais en terminant, tous déclarèrent que je pouvais absolument continuer à compter sur eux. Cependant j'appris qu'il se manœuvrait une trahison sourde.

Mes Polonais, et particulièrement Goldstein, qui avait beaucoup d'énergie et de bravoure, mais trop peu de tact et trop de rudesse, Rozwadowski, ancien élève de l'École polytechnique, Pétien, ancien élève de Saint-Cyr, tous les trois ayant occupé des emplois supérieurs dans la dernière guerre de leur pays, faisaient trop sentir leur supériorité aux officiers français, qui étaient loin de les égaler en connaissances et en distinction personnelle, mais parlaient beaucoup mieux la langue du sous-officier et du soldat. On ne pouvait comprendre la suprématie naturelle qu'aurait prise dans une action complexe la force intellectuelle et morale, et l'on me reprochait la faveur que je témoignais à ces étrangers, au point de me répéter souvent :

— Vous ne voulez pas nous croire ; rappelez-vous que vous ne mourrez que d'une balle polonaise.

Les choses n'en vinrent pas là ; mais ces messieurs, sans m'en informer, persuadés avec raison que les interdictions gouverne-

mentales n'étaient dirigées que contre moi, s'é-
taient adressés pour leur propre compte à madame Adam, femme du préfet de police et pro-
tectrice de tout ce qui n'était pas français en
France. Elle se hâta de leur faire donner, avec
les autorisations nécessaires, des armes et de
l'argent, et un beau jour ils détalèrent, au
nombre de six ou sept, du côté de la plaine
de Gennevilliers. Là ils rencontrèrent la Seine
près d'Argenteuil, et pas de pont, ce à quoi ils
n'avaient pas songé. Ils cherchèrent des bateaux, qu'ils ne trouvèrent qu'au bout de deux
ou trois jours. Quand les bateaux vinrent, les
Prussiens, prévenus par les paysans, — qui dans
toute cette belle Ile-de-France, que je m'étais
proposé de soulever et de défendre, godail-
laient et trafiquaient avec l'ennemi, — les regardèrent tranquillement amarrer leurs bateaux
et se moquèrent d'eux, formés en longs cor-
dons sur l'autre rive. Honteux de leur ridicule équipée, ces messieurs rentrèrent dans
Paris, et me députèrent Pétion, qui, tout déconfit, me raconta leur déconvenue. Il ne venait
point pour me faire ce récit, mais pour obtenir de moi un certificat.

— Mon cher monsieur, lui dis-je, j'ai fait

au gouvernement un rapport contre vous et vos amis, et je ne puis me dédire.

Ils avaient été informés du rapport, et par le certificat espéraient en neutraliser l'effet.

J'étais même allé, à ce sujet, voir M. Adam. Je ne l'avais pas rencontré ; mais je l'avais fait prier par son chef de cabinet de s'occuper de ses affaires, et, s'il ne pouvait rien pour organiser des forces disciplinées, au moins de ne pas protéger et soudoyer l'indiscipline dans les corps libres.

M. Adam était orléaniste, comme M. de Kératry, comme... Je ne veux pas tous les nommer. Or voici la singulière aventure qui, l'un des derniers jours d'octobre, me renseigna sur le rôle joué par l'orléanisme dans les affaires de la défense :

Une visite à rendre m'avait conduit près du bois de Boulogne ; je passai en revenant par l'avenue de l'Impératrice ; je me souvins que c'était là qu'habitait ce peintre, nommé Descartes, qui m'avait dit, le 15 août :

— Quand vous aurez besoin de moi, je suis à vous.

Je retrouvai sa carte dans mon portefeuille

avec le numéro de la maison. J'y sonnai.

J'entrai dans une splendide habitation dont il me parut être le propriétaire. Il me reçut en robe de chambre, dans un salon riche, avec beaucoup de gravité.

Mon cas débité, il me dit sans préambule :

— Que vous faut-il ?

Je précisai. J'avais les hommes, des officiers, le droit écrit. Il me manquait l'autorisation d'agir, l'argent et les armes.

— Vous les aurez, me dit-il : vous aurez tout ce qui vous manque et au delà. Mais l'accepterez-vous d'un certain parti ?

Il savait que, dans le *Parlement*, j'avais combattu les orléanistes et dénoncé leurs plans.

— Pour moi, répondis-je, *il* n'y a plus de partis. Le gouvernement légitime de la France est, à mes yeux, celui qui lui ramènera la victoire. Je suis prêt à tout accepter de ceux, quels qu'ils soient, qui m'aideront à sauver le pays.

— Même du parti orléaniste ?

— Je ne l'exclus pas.

— C'est bien.

Il s'assit, prit une feuille de papier à lettre, écrivit à l'angle supérieur de droite : *J. Darc*, et me la tendit.

— Pour la correspondance qui pourra suivre, servez-vous de ce signe. Écrivez sur cette feuille vos propositions. Adressez la lettre à M. Thiers. Remettez-la vous-même dans la boîte de sa porte, à la place Saint-Georges. Avant deux jours vous serez appelé et l'on comblera vos vœux.

Je fis d'abord ce qui m'était dit. Mais, à la place Saint-Georges, j'eus une défiance. Au lieu de glisser ma lettre dans la boîte, je sonnai.

— M. Thiers, demandai-je au concierge, est-il à Paris?

— Vous savez bien qu'il est en Russie.

Je le savais, en effet, mais je n'y songeais pas.

Il était imprudent de remettre cette lettre à un comité anonyme. Je la déchirai.

Je me souvins des départs en ballon de Gambetta et de Kératry. Je songeai aux ballons officiels de Nadar, qui pouvait me couvrir de son privilège. Bien que cette voie aérienne me fût par tempérament fort désagréable, car j'aime le plancher des vaches, je me dis :

— Les hommes d'État y ont bien passé. tirelire lire ! Pourquoi n'y passerais-je pas comme eux ?

— Mon cher ami, je suis désolé, me répondit Nadar ; mais je viens d'envoyer ma démission.

Il me lut la lettre, très fière et très digne, et me raconta les dégoûts dont on l'avait abreuvé.

Ne pouvant tenir en place dans cette inaction par ordre de tout Paris et de moi-même, et sentant venir la capitulation, non signée je suppose, mais préparée depuis la fin de septembre, je ne vis plus d'autre recours contre l'inertie systématique du gouvernement qu'un appel à l'opinion. J'écrivis une *Lettre aux Parisiens*, où je les avertissais de tout, en insistant sur ce point que, pour avoir voulu séparer la question politique de la question nationale, on s'était bellement livré, pieds et poings liés, à la réaction, et qu'en sacrifiant la Révolution au salut de l'État on avait trahi l'État.

Je portai cette lettre à toute la presse, le *Parlement* ayant cessé de paraître.

On me répondit :

— Nous savons que vous avez raison; mais nous ne pouvons prendre une telle responsabilité.

A la *France*, journal conservateur-libéral du vicomte de La Guéronnière, on hésita deux jours. Enfin, l'on me dit :

— Nous n'osons pas. C'est trop grave. Si l'on prévenait le peuple, tout serait perdu.

Et M. Louis Ulbach sonnait dans sa *Cloche :*

— Parisiens ! nous faisons de l'histoire !

Elle était jolie, l'histoire que nous faisaient vos amis, monsieur Ulbach !

Le lendemain du refus de la *France*, la nouvelle de la capitulation de Metz se chargea de prévenir le peuple.

Paris, d'un bond, se leva.

V

LE 31 OCTOBRE

Il pouvait être une heure lorsqu'on m'apprit qu'un nouveau gouvernement s'était formé à l'Hôtel de ville. On prononçait le nom de Félix Pyat. Je ne connaissais rien du mouvement populaire ni des comités qui agitaient les faubourgs. Heureux de la chute d'un gouvernement qui ne voulait rien faire, je me hâtai, sans acception des personnes, d'aller demander des ordres à un gouvernement qui avait sans doute pour programme de faire quelque chose.

Je trouve la place de l'Hôtel-de-Ville et ses alentours, la rue de Rivoli, le pont, les quais, remplis de gardes nationaux sans armes. Je demande ce qui se passe dans l'Hôtel de ville : on ne sait rien ; des bruits vagues ; on s'impatiente de ne pas savoir. L'Hôtel de ville est fermé ; des mobiles (du moins à ce qu'il me semble) gardent les grilles ; quelques redingotes paraissent aux fenêtres et aux balcons.

Sur les bruits confus de la foule se détache un seul cri distinct, répété partout avec fureur :

— La levée en masse !

Aucune autre idée.

J'aperçois Achille Dubuc, alors commissaire de police du quartier Monge. Il me dit :

— Entrez avec moi.

Nous arrivons à une petite porte, à gauche. Il montre sa carte et demande qu'on me laisse entrer, répondant de moi.

Répondant à qui, s'il y a un nouveau gouvernement, lui officier public du gouvernement déchu?

Ordre formel de ne laisser entrer personne. Ordre de qui ?

Dubuc entre seul. Je m'éloigne des grilles.

On entend des coups de feu. Un homme tombe blessé. On le porte, par la rue de Rivoli, à la mairie du IVe arrondissement.

Des gardes nationaux se précipitent du côté de la rue Saint-Antoine en criant :

— On assassine le peuple ! Aux armes ! Aux armes ! Avertissons le faubourg.

Je me jette au-devant d'eux, et je leur dis :

— Citoyens, pas de guerre civile ! L'union est nécessaire devant l'ennemi. Je vous jure que les coups de feu ne sont pas partis de l'Hôtel de ville.

A ma grande surprise, car c'était la première fois que je me mêlais à la foule, des centaines d'hommes s'arrêtèrent, et firent cercle autour de moi, disant de divers côtés à peu près ceci :

— Mais nous ne savons pas ce qui se passe là dedans. Nous ne voulons pas que le peuple soit joué une fois de plus. Nous ne savons rien. Le gouvernement ne s'occupe pas de la défense. Où veut-on nous conduire ?

On me demande :

— Que faut-il faire ?

Je leur réponds :

— Justice !

— Justice de qui ?

— Justice des traîtres et des impuissants : c'est tout un. La capitulation de Paris est prête depuis plus d'un mois. Les uns ont préparé le coup, les autres le laissent faire : tous sont également coupables. La levée en masse, vous l'avez ; nous sommes tous des volontaires, tous prêts à nous sacrifier pour la patrie.

— Oui ! oui ! Tous ! tous !

— Ce sont des chefs qui nous manquent. Les hommes, les armes, les munitions, nous les avons ; et s'il nous manque des vivres, nous pouvons les aller chercher en refoulant l'ennemi. Quatre cent mille hommes ne peuvent être investis par deux cent mille. Mais il nous faut des chefs résolus ; il nous faut une république dirigée par des républicains ; il faut que le gouvernement de la défense ne soit pas une chausse-trappe ; il nous faut des armées de patriotes qui ne soient pas confiées à des intérêts dynastiques. C'est à cette condition seule que nous sauverons le pays.

— Oui ! c'est ce que nous voulons, criait-on de toutes parts.

— Vouloir ne suffit pas, il faut agir. On prétend qu'un nouveau gouvernement vient de se constituer ; ou s'il n'existe pas encore, il se constitue en ce moment. De qui se composera-t-il ? D'hommes illustres sans doute : vous savez où, en 1848, les hommes illustres vous ont conduits. Quels que soient les nouveaux élus, rien ne vous répond d'eux que la justice du peuple. Il faut qu'ils sachent, en acceptant le pouvoir que, dans les malheurs publics, on n'en descend pas avec sa tête. Justice ! justice ! La justice aujourd'hui, c'est de l'héroïsme pour demain.

Des hourras formidables accueillirent ces paroles.

Cela se passait à l'entrée de la rue de Rivoli. Je regagnai le centre de la place. Mais ceux qui m'avaient entendu ne me lâchaient pas. Sur toūs les points où je pouvais aller de nouveaux groupes se formaient, de nouvelles interrogations m'assaillaient. Je dus pour y répondre prononcer huit ou dix allocutions dans le même sens. Les têtes se haussaient partout où je pouvais porter le regard, les clameurs approbatives partaient de toute la place, le cercle des auditeurs enthousiastes devenait immense. J'étais porté, hissé par la foule : je lui appartenais, je ne faisais qu'un avec elle, j'étais devenu son âme et sa voix.

Les cris : *Justice ! justice !* retentissaient comme un ouragan. J'avais jeté le mot de *tribunal révolutionnaire*, qui était aussi répété.

Soudain un groupe d'hommes solidement taillés s'avança, écartant les masses pressées et me dit textuellement, à quelques syllabes près :

— Vous voyez que vous exprimez la pensée de tous, et il y a sur cette place toute la démocratie républicaine de Paris. Mais rien ne se fera sans un homme. Puisque vous avez la puissance de la parole, vous aurez peut-être l'énergie de l'acte. Nous ne savons pas ce qui se passe là dedans, nous nous défions de ces habits noirs qui nous y narguent des fenêtres, nous n'avons donné mandat à personne de nous y représenter ; entrez-y et commandez-y au nom du peuple !

Et soulevé par eux aux acclamations unanimes de cent mille voix, subissant plutôt qu'acceptant le mandat redoutable qui m'était imposé, je vis un passage se tracer spontanément devant nous jusqu'à la porte de l'Hôtel de ville, qui me fut ouverte par la volonté du peuple.

J'entrai seul.

Une fois à l'intérieur, rien ne justifiait de ma délégation ; du reste, l'autre foule qui occupait les cours, les salles, les escaliers, ne l'eût point respectée quand même elle l'eût connue. Le phénomène étrange qui venait de s'accomplir n'avait maintenant aucune sanction ; je redevenais un premier venu, et il ne me restait qu'à agir en conséquence.

Un homme pérorait au haut d'un escalier de pierre. Je demandai son nom :

— C'est Flourens.

L'homme pérorait, pérorait, allongeant les bras.

J'essayai de monter auprès de lui, afin de lui dire :

— Pas tant de phrases ! passez à l'acte.

Arrivé au milieu de l'escalier, impossible de faire un pas de plus ; on allait étouffer, tant la pression était forte. J'ordonnai qu'on redescendît : il se fit un recul et je redescendis moi-même aisément.

J'avais remarqué qu'on pouvait atteindre par les salles du premier étage ou de l'entresol, je ne sais, la plate-forme où s'agite Flourens. Mais comment parvenir dans ces salles ? Tous les passages sont fermés ou gardés.

J'essaye de parler à quelques personnes dans la cour ; on ne m'écoute point. On regarde Flourens.

J'apprends vaguement qu'on nomme en haut le nouveau gouvernement. Je saisis les noms de Flourens, Mottu, Millière, Blanqui, Delescluze, Félix Pyat, Victor Hugo, Louis Blanc, Ledru-Rollin, Bonvallet, plus un nom italien qui s'est échappé de ma mémoire.

On nomme, qui, *on* ?

Je vois l'élu au nom italien s'en aller. On assure que Félix Pyat vient aussi de partir. Où sont les autres ?

A force de chercher dans les coins, je découvre un escalier qui me conduit dans la salle située derrière Flourens. Quelqu'un harangue près d'une croisée; on me dit que c'est Tirard; j'ignore si cette affirmation était exacte. Une septuple rangée de dos, hissée sur les chaises et sur les tables, me sépare de l'orateur; j'essaye de la percer : vains efforts. Autour de moi, tout se bouscule, tout hurle. Impossible de saisir des paroles exprimant un sens, une volonté, un but quelconque.

Rien à faire dans ce charivari. Sur l'une des tables d'une salle voisine, je trouve du papier, de l'encre, des plumes. Pour ne pas partir sans avoir tenté d'accomplir le mandat reçu, j'écris sur une grande feuille, par acquit de conscience, le résumé des déclarations adoptées par le peuple du dehors. Je signe.

Je monte sur une table, et je fais passer ma feuille de main en main dans la direction de l'orateur, pour qu'il lise à haute voix les déclarations du peuple.

Un capitaine placé près de la fenêtre s'empare de la feuille et va la porter à Flourens ou la lire ailleurs.

Je me retire.

Je descendais un large escalier, convaincu de mon impuissance, lorsque, par une ouverture donnant sur la rue de Rivoli, je vois des bataillons entiers venir d'un pas rapide du côté du Louvre.

Un bataillon montait déjà, me heurtant. C'était, je crois, le 106ᵉ. Cette vue du mouvement me fouetta le sang. J'eus un remords :

— C'est décidément à une révolution que j'assiste. Il ne sera pas dit que je serai parti d'ici sans avoir rien fait. J'aurais l'avenir d'un lâche.

Pris d'une résolution froide, implacable, je remontai.

Le même orateur haranguait toujours.

Je passai sur les épaules, sur les têtes, et je parvins au rebord de la fenêtre, d'où je criai d'une voix dirigée vers le harangueur :

— Arrestation des membres du gouvernement de la défense nationale ! Réunion d'un tribunal révolutionnaire ! Laissez passer la justice du peuple ! Malheur aux traîtres et aux lâches ! La patrie est en danger : plus de paroles ! des actes !

Toutes les têtes se retournent, le harangueur disparaît. On me fait place. Je bondis par-dessus un fauteuil. Je suis au milieu de l'enceinte et mes propositions y sont acclamées comme sur la place. Je n'entends autour de moi que ces cris unanimes :

— Oui, oui ! c'est ce que nous voulons ! c'est ce que Paris veut ! Plus de paroles ! des actes ! Ordonnez ! nous obéirons. Mais empêchez Flourens : il va tout perdre.

Je donnai ordre d'arrêter comme criminels d'État les membres du gouvernement déchu ou démissionnaire qui étaient encore réunis à l'Hôtel de ville ; tandis que quelques-uns couraient exécuter cet ordre, je m'informai de la situation :

— Que se passe-t-il ? Que fait-on ? Qui commande? Où sont les membres du nouveau gouvernement?

On ne sait rien. On ne fait rien. Les renseignements se résument dans un mot :

— Empêchez Flourens, c'est un fou.

Ceci à son excuse. Mais *il* me semble, après réflexion, que le plus fou, de lui ou de moi, n'était peut-être pas celui qu'on pensait.

Flourens me fait dire que les membres de l'ancien gouvernement sont ses prisonniers, et qu'il en répond sur sa tête.

On a depuis rapporté autrement cette parole. Il aurait dit :

— On ne touchera pas un cheveu de leur tête.

C'est la version probable, soit que Flourens se souvînt des relations de son père avec tels des hommes dont la vie et l'honneur étaient en cause, soit que les mobiles de sa conduite eussent des dessous d'un intérêt plus caché.

J'appris deux heures trop tard qu'il venait de faire vider la place de l'Hôtel de ville en disant au peuple :

— Mes amis, allez dîner. La Révolution est faite. Le nouveau gouvernement est constitué. Nous n'avons plus besoin de vous.

Et les patriotes du nord et de l'est de Paris allèrent dîner sur la foi de ses paroles. Dès six heures, grâce à cette manœuvre, nous fûmes en fait au pouvoir de la réaction, qui formait la majorité même dans l'Hôtel de ville, avec son 106ᵉ bataillon et son 17ᵉ, prêts à se recruter des mobiles de Trochu par les caves.

Je ne savais rien de ce renvoi du peuple par Flourens. Au moment, je suppose, où ce beau coup venait de se commettre, sous la pression des inquiétudes manifestées de toutes parts à l'endroit de Flourens, je le fis prier de venir conférer avec moi. Il vint, mais refusa de prendre aucune mesure avant l'arrivée de ses *Vengeurs* de Belleville.

Nous les attendîmes au haut de l'escalier. Ils arrivèrent en armes. Nous marchâmes lui et moi côte à côte à leur tête. Je lui disais :

— J'ai le droit de savoir ce que vous faites. Je ne vous quitterai pas.

Nous marchions d'un pas rapide, suivis par des rangs pressés. Comme nous parcourions une longue salle, deux officiers de mon corps de volontaires, Piétri et Régulus Fleury, étant parvenus à entrer dans l'Hôtel de ville pour s'enquérir de moi, m'aperçurent, me saisirent le bras.

— Ne m'arrêtez pas, leur dis-je. Suivez-moi.

Mais ce contre-temps, en trois secondes, m'avait fait perdre cinq ou six rangs. J'étais débordé par le bataillon.

En m'efforçant d'en regagner la tête, arrivé au milieu de la salle, je vis des messieurs rangés de l'autre côté d'une table de conseil qui en occupait toute la longueur. J'entendis une voix de vieillard crier :

— Nous allons délibérer. Citoyens, retirez-vous !

Ces vieillards étaient peut-être le gouvernement.

Brusquement, je plantai sur la table mon poing ganté, et je dis d'une voix forte :

— Soit ! je délibère.

Le mouvement se fixa aussitôt autour de moi.

Les messieurs qui voulaient délibérer balbutièrent en me regardant :

— Ici, il faut que l'on se connaisse.

Et ils récitèrent leurs noms, rappelant leurs faits d'armes de 1830.

D'un geste, je coupai court à leurs réminis-
cences historiques.

— Il n'est pas, dis-je, question de services
rendus, mais de services à rendre. Place aux
jeunes !

Une douzaine de jeunes gens, sur cette
parole, se placèrent énergiquement à mes
côtés, se cramponnant à la table sous une
pression énorme de nouveaux arrivants, l'Hôtel de ville étant envahi de toutes parts.

Régulus Fleury fut un de ceux-là. C'était
un délicat, faible de santé et de muscles.
Quant au pauvre lieutenant Piétri, bravache
et pourfendeur de corps de garde, il paraît
qu'en me voyant prendre place dans ce conseil formé au hasard, il s'évanouit derrière
moi : on l'emporta.

Et la délibération incongrue et chaotique
commença, au milieu d'une foule poussante
et hurlante. Il fut rapidement établi d'un commun accord, sur mes propositions successives,
qu'il n'y avait point de nouveau gouvernement, qu'on ne savait où le prendre ; qu'aucun des élus n'avait accepté son mandat ;
que l'élection n'avait ni base ni sanction ; qu'en
révolution il n'y a de chefs possibles que

ceux qui sont présents ; que Flourens était un danger ; qu'il y avait urgence à former un pouvoir provisoire quelconque ; que nous devions assumer cette mission, sous la réserve que nous obéirions au nouveau gouvernement, s'il existait, aussitôt qu'il se serait fait connaître.

Je me trompais en croyant qu'il n'y avait pas de gouvernement révolutionnaire : je le sus quelques jours après. Il existait une Commune à l'état occulte. Que faisait-elle ? Où était-elle ? Sans doute partout autour de moi, présente et cachée, impuissante pour l'action, assez habile et assez forte pour l'obstruction. J'ai peut-être dérangé ses plans ; je crains d'en avoir dérangé, ce jour-là, d'autres encore, en cognant sans savoir sur un tas de sous-entendus comme une corneille aveugle qui abat des noix.

Des motions hétérogènes se croisaient. Les combattants de 1830 élevaient des objections de procédure. Les jeunes gens repoussaient tout formalisme, voulaient prendre immédiatement les grandes mesures révolutionnaires, dont la première était de s'emparer du trésor.

J'aurais été assez de cet avis ; mais en quelles mains le mettre ?

— Vous ne me ferez pas, leur dis-je, signer un ordre tant que nous ne serons pas constitués, tant qu'on ne saura pas qui commande et en vertu de quel droit, et tant que nous n'aurons pas un programme d'action.

Je perdis peut-être deux heures, de cinq à sept, à faire entrer dans les têtes cette simple notion de méthode et à établir une base d'organisation.

Hélas ! c'est pendant ces deux heures que nous étions trahis et livrés ! c'est pendant ces deux heures qu'il eût fallu agir !

On m'a souvent reproché, — et des personnes modérées, — de n'avoir pas précipité le mouvement, épouvanté la réaction et lié le peuple, en ordonnant le châtiment immédiat des membres du gouvernement du 4 Septembre.

Je les jugeais coupables et ma résolution était de les faire juger cette nuit même par un conseil de guerre, dont la sentence eût par ses considérants justifié devant la France la punition de ces hommes.

Leur exécution sans jugement pouvait être l'œuvre de la passion populaire, non d'une volonté froide. Que fût-il résulté de cet acte violent, en présence de l'ennemi? La victoire peut-être de la démocratie et de la nation? Peut-être la fin de l'une et de l'autre. Que de plus forts lutteurs me condamnent! Placé de nouveau dans une circonstance semblable, je n'agirais pas autrement. Je sais que plus d'une révolution a commencé par des assassinats : je ne les aurais point ordonnés.

Ces révolutions n'ont point fondé le règne du droit.

Au bout de ces deux heures perdues, j'avais réussi à établir par une série de votes deux Commissions dont le pouvoir fut reconnu dans l'Hôtel de ville :

Une *Commission de permanence* de onze membres dont je proposai à Quentin de faire partie : il accepta et continua son chemin; allant où? Régulus Fleury m'y représenta auprès des héros de juillet.

Une *Commission d'urgence* de dix membres.

La première devait siéger comme gouvernement provisoire et centraliser toutes les mesures à prendre jusqu'à la formation effective d'un gouvernement.

La seconde devait, en se divisant après avoir déterminé son programme d'action, se porter aux avant-postes, empêcher la livraison des forts à l'ennemi, rallier l'armée au gouvernement de l'Hôtel de ville, vaquer à la défense de Paris.

Invité à présider cette seconde Commission, les dispositions actives les plus graves m'incombèrent. La Commission de permanence devait garder en quelque sorte le rôle passif d'une pierre qui résiste.

Les fonctions définies, dans un silence formidable, avec l'assentiment de tous, j'allais réunir la Commission d'urgence pour arrêter notre programme, quand un incident remit tout en cause :

L'arrivée de Blanqui.

Je souhaitai filialement la bienvenue à cet habitué des prisons d'État. Le vieillard défiant, tremblant dans son corps, les joues maigres, les mains froides, monta sur une chaise, et prononça d'une voix faible une courte homélie que personne n'entendit. Après avoir dûment pontifié, l'apôtre de la démocratie autoritaire s'assit à ma gauche et écouta attentivement l'exposé que je lui fis de la situation. Il approuva et contresigna les résolutions prises, déjà revêtues du cachet du gouvernement de la Défense nationale. Il signa notamment l'acte qui me chargeait, comme président de la Commission d'urgence, de prendre dans Paris et aux avant-postes toutes mesures de salut public jusqu'à la réunion d'un gouvernement élu par le peuple.

Mais l'envahissement de la salle devint tel, la pression extérieure était si violente, les questions qui se posaient sans un instant de trêve étaient si urgentes, que pendant plus d'une heure encore il me fut impossible de quitter la place. Personne n'osait prendre une initiative. La Commission de permanence ne fonctionnait pas. Blanqui, ne reconnaissant personne, hésitait, ne parlant qu'à moi avant de contresigner les ordres. Je supportais le poids de toutes les interpellations, de toutes les demandes.

Invitation fut envoyée à chacun des membres du gouvernement élu, de venir occuper son poste.

Ordre à tous les bataillons républicains de

venir en hâte à l'Hôtel de ville, envahi par les bataillons réactionnaires.

Nominations de toute sorte. Défense de sortir de l'Hôtel de ville sans un laissez-passer revêtu du cachet officiel. Toutes les portes gardées. Enfin la question des vivres : il paraît que, même en révolution, les gardes nationaux ont faim et soif. Je fis maintenir Georges d'Orgeval à son poste d'intendant sur sa parole loyale [1]. Ces menus détails nous accablaient : je dus signer des centaines d'ordres.

Une troupe d'énergumènes arriva bruyamment et se précipita sur Blanqui, Raoul Rigault en tête avec son écharpe rouge. Après les embrassades filiales, Rigault lut les listes des deux Commissions :

— Que faites-vous, dit-il à Blanqui, avec ces gens-là ?

Je lui dis sévèrement :

— Laissez achever la besogne à ceux qui l'ont commencée.

Blanqui lui tourna le dos et nous nous re-

[1] Qui, je crois, lui valu sa destitution deux jours après.

mîmes à travailler. Rigault porta sa pose ailleurs.

Un grand diable de colonel ne me lâchait pas. Dès qu'il pouvait approcher sa tête de la mienne, il me parlait bas, et me disait :

— Vous ne pouvez rien par vous-même. Vous ne savez pas ce qui se passe autour de vous, ici et dans Paris. Nommez immédiatement un ministre de la guerre.

Fatigué de ses obsessions, et voyant que cet officier était certainement un homme de rang, qui savait et qui voulait, je finis par lui répondre :

— Je n'ai pas mandat pour nommer un ministre de la guerre. Ce sera demain affaire au gouvernement.

— Vous ne serez pas ici demain. Vous n'avez qu'une heure pour agir. Tout est prêt : si vous voulez, Paris est à vous.

— A quel titre agirais-je ?

— Votre signature est obéie dans l'Hôtel de ville, et vous avez la griffe du gouvernement ; cela nous suffit. Écrivez et signez : je réponds du reste. Je vous donne ma parole d'honneur que tout est prêt et qu'avant deux heures vous ne trouverez plus de résistance dans Paris.

— Qui voulez-vous que je nomme ?

— Un officier d'une grande énergie.

— Son nom ?

— Le colonel Joinville.

Intrigué par ce nom, j'écrivis sur une grande feuille de papier :

— Ministre de la guerre, le colonel Joinville.

— Écrivez ensuite votre nom, me dit mon interlocuteur.

— Ah ! que fais-je de moi ?

— Le chef de cabinet du ministre.

J'écrivis.

— Et vous ? lui dis-je.

Il me tendit sa carte. J'ai oublié le nom, un nom noble.

— Quelle qualité ?

— Gouverneur des Tuileries.

Son intention devenait claire, quelle que fût la valeur de ses offres. Je tendis la feuille à Blanqui :

— Voici, lui dis-je, ce qu'on me demande de signer : qu'est-ce que cela peut signifier ?

— C'est curieux, me dit Blanqui : nous y penserons demain.

Il plia la feuille et la mit dans sa poche.

Le colonel avait disparu.

Ce fait bizarre avait évidemment un sens et pourrait sans doute servir de clef pour pénétrer dans les arcanes du 31 Octobre.

L'ami du colonel Joinville évincé, Blanqui me dit :

— Avant de partir, vous devriez essayer d'amener ici Flourens. Il prend des dispositions à côté des nôtres : nous allons d'une heure à l'autre nous trouver en conflit. Je tiendrai bon ici : tâchez de faire ce pas.

Ce n'était pas facile. Les salles intermédiaires étaient occupées par un bataillon hostile, le 17e.

Je me fis donner une escorte de douze commandants résolus, et, entouré par eux, d'une marche ferme, je franchis l'obstacle.

Les membres du gouvernement prisonniers étaient assis en demi-cercle, tranquillement. Flourens, debout sur une table, allongeant les bras, pérorait.

Flourens haranguant Jules Favre ! je me rappellerai toujours ce spectacle.

Flourens, occupé à discourir, ne prenait point de résolutions, mais l'on en prenait en son nom.

Rien ne pouvant attirer son attention au point de le faire taire, je montai sur la table qui lui servait de tribune et je lui secouai le bras.

Il m'écouta un instant, comme halluciné, et me dit qu'il avait la tête perdue.

— Je n'en doute pas, lui dis-je.

Et il continua sa harangue.

Quelques paroles dures que je lui fis encore entendre furent sans effet. Voyant que je n'en tirerais rien, je m'entourai de nouveau de mon escorte, et je réussis à regagner sans encombre ma place auprès de Blanqui.

— Vous seul, lui dis-je, aurez assez d'autorité pour dominer sa démence, allez-y. Je ne puis rester ici plus longtemps. Il est près de neuf heures, aucun de nos délégués ne revient. Nous ne savons pas ce qui se passe dans Paris. Les plus grands malheurs nous menacent. Avant de m'assurer de la sécurité des forts, je vais être obligé de m'occuper de la nôtre.

Nous nous serrâmes la main et nous nous séparâmes. Tandis que je réunissais dans une salle que j'avais fait préparer, à notre gauche, la Commission d'urgence, Blanqui se dirigeait à droite, entouré de la même escorte qui avait facilité mon passage, allant à son tour essayer d'*empêcher Flourens*. Moins heureux que moi, il fut arrêté, maltraité, brutalement conduit dans les caves, d'où il parvint cependant à s'échapper.

Il se trouvait que la salle où j'avais réuni la Commission d'urgence servait d'entrée à la longue salle que je quittais et à celles qui lui faisaient suite dans la direction de Flourens. La porte principale, dans l'autre direction, en était gardée par des francs-tireurs sous les ordres des frères May. En me postant là, je n'avais fait que déplacer le centre du mouvement. Au lieu de délibérer avec mes collègues, je dus, comme dans l'autre salle, trancher mille questions pressantes.

Je savais alors que l'Hôtel de ville était, de fait, au pouvoir de la réaction. Aucun bataillon du Nord n'arrivait; aucun de nos centaines de délégués ne revenait. La panique se répandait autour de nous. On me présentait des hommes sûrs, des républicains dévoués, qui demandaient une mission, jurant de l'accomplir fidèlement : ces hommes ne songeaient

12.

qu'à fuir. La mission reçue, ils s'en servaient pour sortir de l'Hôtel de ville, et rentrer chez eux. Et tous ! tous firent ainsi ! Je l'ai su avec certitude, lorsque, à deux heures du matin, j'ai constaté que les arrondissements du Nord n'étaient informés de rien. Cela est incroyable, mais cela est. J'ai compris depuis que la plupart des individus qui vont et viennent dans les mouvements révolutionnaires ne sont là que pour y pêcher quelque place en cas de succès. Il est probable que, si nous avions vaincu, les fuyards de la nuit seraient revenus le lendemain exhiber nos ordres pour obtenir leur récompense.

Millière traverse la salle en courant avec ses longs cheveux noirs, sa hâte convulsive. Je le voyais pour la première fois. Je l'appelai et je lui dis à voix basse :

— Vous êtes membre du gouvernement élu. Nous ne nous substituons pas à vous : nous faisons le nécessaire, en attendant que vous nous fassiez connaître votre existence et que vous nous donniez des ordres. En avez-vous à nous donner?

Il me répondit textuellement :

— Je ne sais ce qui se passe, je ne connais

ici personne; il n'y a pas de gouvernement : prenez toutes les responsabilités.

Et il fila.

D'où venait-il? Où allait-il? Que faisait-il?

Mottu vint à passer. Répétition de la scène, avec cette conclusion sincère :

— Nous sommes ahuris. On m'appelle dans les cuisines, je ne sais pas pourquoi j'y vais. Agissez! agissez!

Régulus Fleury vint et me dit :

— J'ai découvert un soupirail communiquant avec un passage souterrain. N'y a-t-il pas là un danger?

Je lui dis :

— Fais en garder l'entrée par une quinzaine d'hommes, avec la baïonnette en avant. Cherche s'il n'y a pas d'autres issues, et s'il y en a, fais les également garder.

Les frères May barraient énergiquement notre porte extérieure contre toute invasion du dehors. La consigne était excessive, et je la levais dès que mon ouïe surexcitée me signalait un cas nouveau. Je fis ainsi entrer des délégués d'un bataillon du nord de Paris. Ils étaient exaspérés, n'ayant pu entrer dans l'Hôtel de ville qu'à grand peine. Évidemment des or-

dres absurdes — peut-être volontairement absurdes, — avaient été donnés. Par qui ?

— Citoyens, que voulez-vous ?

— Parler au gouvernement.

— Le gouvernement, c'est moi. Parlez !

J'eus par eux la première nouvelle que dans
le nord de Paris on ne savait rien, que les
bataillons n'avaient pas d'ordres.

A moins que les commandants, recevant
des ordres de plusieurs côtés et obéissant à
des menées secrètes, ne missent les nôtres dans
leur poche et ne tinssent leurs hommes immobiles, prétextant ne rien savoir. C'est ce
qui est arrivé le 28 février 1871 ; c'est ce
qui a pu arriver le 31 octobre 1870.

J'entendis l'un des frères May s'écrier :

— On ne laisse pas entrer les officiers du
106°.

Je l'appelai :

— Qui a donné cet ordre ?

— Le gouverneur de l'Hôtel de ville.

Je fis appeler le gouverneur, le commandant Levraut.

— Qui vous a donné cet ordre ?

— Le gouvernement.

— Au nom du gouvernement, que je représente seul ici, je vous donne l'ordre de les faire entrer.

C'était un coup de fortune qui me les amenait : les sachant hostiles, je les voulais tenir sous bonne garde.

On courut les rechercher. Il était trop tard. Ils avaient pris une voie détournée et étaient en train de délivrer Trochu et Ferry sous les yeux de Flourens. Jules Ferry, sorti de l'Hôtel de ville, ne perdit pas son temps. J'en sortis l'instant d'après. Dès lors la réaction avait un chef ; l'action, dans l'Hôtel de ville, n'en avait plus.

Deux membres de la Commission m'accompagnèrent, les capitaines Lacroix et Leroux, avec un jeune garde national qui devait nous servir d'éclaireur. Je laissai la présidence de la commission au jeune Marie, qui m'avait vaillamment secondé et dont je dois citer un acte de présence d'esprit.

Après l'arrestation de Blanqui, le 17ᵉ bataillon, ayant parcouru en vainqueur la salle de la Commission de permanence, afflua brusquement sur la nôtre, la baïonnette en avant. J'étais assis au milieu de la salle : le vacarme se fit derrière moi. Notre premier mouvement fut de nous lever et de contourner la table de quelques pas pour regarder ce que signifiait cette invasion. Nos francs-tireurs, rangés à droite, abaissaient leurs armes, prêts à tirer. Une tuerie effroyable allait s'accomplir... Je criai, tourné vers les nôtres :

— Haut les crosses !

Ils obéirent.

L'ennemi s'arrêta hésitant.

Ce jeune homme, d'une vingtaine d'années, était près de moi. Au moment où je jetai le cri de salut, il se rassit tranquillement entre les deux troupes prêtes à faire feu, au risque d'être frappé de vingt balles. Je l'imitai.

L'ennemi, honteux, recula, pendant que nous nous remettions à écrire, sans nous occuper de l'incident. Le calme héroïque de ce jeune Marie avait écarté la guerre civile.

Mes instructions données à Marie et aux autres membres de la Commission qui restèrent avec lui, puis aux gardiens de toutes les portes intérieures auxquels j'enjoignis de communiquer à cette Commission tout ce qui concernerait le dehors, je réglai avec le commandant de la grande entrée donnant sur la place les communications de l'Hôtel de ville avec Paris.

Puis je commençai ma ronde.

La place était vide. Cette tranquillité m'inquiéta. Elle présageait la défection d'un côté, des préparatifs de l'autre.

Pour procéder avec méthode, je fis d'abord le tour de la maison de ville.

La caserne située derrière m'était suspecte. Je songeais au passage souterrain découvert par Fleury. Comment Blanqui, vieux rentier d'insurrection, ne m'avait-il pas prévenu de l'existence de ce passage? Avec quoi pouvait communiquer ce souterain, sinon avec la caserne, plantée là exprès? Évidemment cette caserne était occupée.

Elle était toute noire. Cette ombre était trop parfaite. Je m'approchai de ces murailles sombres. Je regardai aux interstices des portes et des fenêtres. Aucune lumière intérieure, aucun bruit.

En revenant sur mes pas, j'aperçus derrière la grille de l'Hôtel de ville qui faisait face à la caserne, des hommes armés.

Je voulus les reconnaître.

— N'avancez pas !

Les canons des fusils s'abaissaient entre les barreaux de fer.

J'avançais d'un pas rapide.

— Au nom du gouvernement de l'Hôtel de ville, faites venir votre commandant.

— Il n'est pas ici. Nous ne savons pas où il est.

— Alors le capitaine qui le remplace.

Le capitaine parut.

— Quel est ce bataillon ?

— Le bataillon de Millière.

— Que faites-vous entre ces grilles, où vous serez écrasés dans un moment sans pouvoir vous défendre ?

— Vous avez parfaitement raison. Ces hommes sont furieux. Je crains une débandade. Mais j'ai l'ordre de Millière.

— Au nom de Millière et du gouvernement, je vous donne l'ordre de vous ranger hors de ces grilles et de surveiller cette caserne, que j'ai lieu de supposer pleine de mobiles.

Le capitaine exigea un ordre écrit. Millière, deux heures après, à ce qu'on m'a assuré, éloigna son bataillon de l'Hôtel de ville. On a aussi raconté qu'il y avait, en effet, des mobiles dans la caserne, mais qu'ils sont entrés dans l'Hôtel de ville par le souterrain.

Toujours inquiet du silence qui régnait partout, je franchis le pont et je scrutai les rues de la rive gauche, sans rien rencontrer. Il paraît que je ne scrutai pas assez avant, et qu'il y avait des mobiles plus loin, sur la hauteur.

Je suivis le quai jusqu'au pont Saint-Michel, où des bataillons de la garde nationale stationnaient.

Mon éclaireur, lancé en avant, se mêlait aux groupes, interrogeait les hommes, et revenait me rapporter ce qu'il avait entendu. Là et dans la cour de la préfecture de police les dispositions des bataillons nous étaient favorables peu ou prou. Je donnais aux chefs l'ordre de se porter sur l'Hôtel de ville par le chemin que je venais de suivre, et là de se mettre à la disposition de la Commission d'urgence.

Sur la seconde partie du pont, nous nous trouvâmes en pleine réaction. Mon petit éclaireur disparut, soit qu'on l'ait arrêté, soit que les cris de fureur proférés de toutes parts contre l'insurrection l'aient effrayé. La prudence devenait nécessaire; je cessai de donner des ordres; je me contentai de parler aux chefs et de m'informer.

La situation était claire. Jules Ferry organisait un mouvement formidable. Il massait des bataillons de mobiles. Toute la garde nationale réactionnaire du Centre était sur pied.

Contre qui étaient préparées toutes ces forces? Nous avions à peine dans l'Hôtel de ville quelques centaines d'hommes. Grâce à Flourens, le peuple n'était plus là. Le Nord et l'Est ne bougeaient pas, ne savaient rien, croyaient le nouveau gouvernement établi sans conteste.

L'organisation du retour offensif des hommes de la capitulation partait de la place Vendôme. Dans toutes les rues on battait la générale, on sonnait le rappel. La rue de Rivoli, aux alentours du Louvre, contrastait singulièrement par son agitation avec le silence des environs de l'Hôtel de ville.

J'entrai au Louvre, chez le gouverneur de Paris. J'y trouvai des officiers d'état-major qui, trompés par mes parements rouges, s'empressèrent de me mettre au courant des dispositions prises pour châtier ces « insurgés, ces misérables ».

Suffisamment informé, je rejoignis, à l'entrée de la rue du Louvre, mes deux compagnons, les capitaines Laurent et Lacroix, qui m'attendaient.

—Tout est perdu, me dirent-ils. Les mobiles sont déjà en marche. Il ne nous reste plus qu'à vous souhaiter le bonsoir et à aller nous coucher, et nous vous conseillons d'en faire autant.

— Comment, messieurs! leur dis-je, vous voudriez laisser massacrer nos amis sans les prévenir? Vous supposez que, moi aussi, je commettrai cette lâcheté? Vous croyez que, parce que le danger s'aggrave, j'abandonnerai mon œuvre?... Suivez-moi, je vous prie.

J'entrai chez un marchand de vin au moment où il fermait sa porte. Je n'ai, quant aux heures, que ce point de repère : d'après la police de l'état de siège, il était alors dix heures et demie. Je n'avais pris depuis le matin ni boisson ni nourriture d'aucune sorte ; néanmoins, nous ne bûmes rien. Je me fis donner une plume et de l'encre, et j'écrivis à peu près ceci :

« Le citoyen Marie, président de la Commission d'urgence, à l'Hôtel de ville.

« Vous allez être attaqués par Ferry, à la

tête des mobiles des bataillons du Centre. Ne craignez rien, ne cédez rien. Tenez quand même. Vous recevrez des secours avant deux heures. Comptez sur moi. »

Et je courus à l'Hôtel de ville.

La porte, suivant mes ordres, en était bien gardée. C'était plaisir de voir cette forêt de baïonnettes baissées en avant. Mais il n'était pas facile de la percer... Le commandant me reconnut, et courut lui-même monter ma lettre.

Je rejoignis mes compagnons à l'entrée de la rue du Temple.

— Graves nouvelles! me crièrent-ils. Les mobiles approchent : avant une demi-heure ils seront ici. Que voulez-vous faire?

Je songeai que mes secours arriveraient trop tard, qu'il n'y avait personne dans l'Hôtel de ville pour organiser la résistance, que le courage de ce jeune Marie ne lui donnait ni l'intuition ni l'autorité suffisantes pour se faire obéir en présence d'une attaque. Je me dis que mon devoir était d'y rentrer et j'y rentrai, presque sûr de n'en pas ressortir vivant.

Je dis aux deux capitaines :

— Cherchez-moi une voiture, et attendez-moi ici.

Et je me fis ouvrir les portes de l'Hôtel de ville.

Je trouvai Marie lisant à haute voix mon message avec stupeur.

Je lui saisis le bras.

— Me voici. Pas un instant à perdre. Le gouvernement s'est-il réuni? Où est-il? Allons vite.

Nous parcourûmes la longue salle de la Commission de permanence : elle était presque vide.

Dans une salle située plus loin siégeait le gouvernement, huit ou dix membres. Je ne remarquai que Millière, qui présidait, étalant les revers rouges de son manteau; Blanqui et Delescluze, entre lesquels je me plaçai debout, le poing sur la table, en face de Millière.

La salle était bondée de spectateurs silencieux, il y en avait de grimpés sur les corniches, d'accrochés au plafond.

La scène fut très grande. Raoul Rigault, qui se trouvait là, me rencontrant quelques jours après au quartier latin, me pressa dans ses bras avec un enthousiasme qui me fut peut-être utile depuis, lorsque, sous la Commune, ma vie dépendit de son caprice[1] !

— Nom de foutre ! dit-il, vous avez été chouette ce soir-là !

Marie tendait ma lettre à Millière, qui allait la lire.

— Ne lisez pas, lui dis-je : c'est moi qui l'ai écrite. Écoutez-moi.

Ma voix était brisée par près de dix heures d'efforts nerveux. Ma parole n'était plus qu'un râle. Je montrai ma gorge. Le silence attentif qui se fit, troublé seulement par les respirations haletantes, me permit de parler. Je racontai brièvement ce que j'avais vu autour du Louvre et ce que j'avais appris de la bouche même des officiers de Trochu.

Mon récit terminé, je me tus, voulant en juger l'effet : le silence général continua, un silence d'épouvante.

— La situation est grave, dit Millière. Délibérons. Citoyen Delescluze, vous avez la parole.

---

[1] Il eut fort bel air comme procureur de la Commune et me représentait assez bien une copie de Fouquier Tinville. Bien que je lui doive sans doute de n'avoir pas été fusillé, je m'y fiais peu. Son regard significatif, plus d'une fois m'avertit qu'il me réservait pour ses propres œuvres.

Delescluze se leva, et lut une proclamation destinée à être affichée le lendemain.

— Citoyen Blanqui, vous avez la parole.

Blanqui se leva, et lut une proclamation destinée à être affichée le lendemain.

Je frémissais d'impatience devant le flegme augural de ces vieillards.

Millière, que j'ai bien connu depuis, homme incapable d'action énergique, ne savait que dire, cherchant des biais.

Une troupe bruyante qui arriva, lui en fournit un... La réponse de Victor Hugo à la sommation qu'il avait reçue de prendre part aux travaux du nouveau gouvernement était apportée.

Événement grave.

Millière se hâta de donner solennellement la parole aux délégués porteurs de la réponse du grand homme.

Mais j'avançai la main, et je dis :

— Non ! citoyens, je n'attendrai pas plus longtemps ! je ne vous laisserai pas détruire mon œuvre !

La puissance de l'indignation et de l'émotion rendirent à ma voix quelque force. Je peignis la situation où notre défaite allait jeter la France humiliée et livrée aux réactions basses. Je conclus par ces mots :

— Notre péril personnel n'est rien quand il s'agit de la chute d'un monde. Du creuset de cette nuit terrible doit sortir la liberté humaine ou un nouveau pacte de servitude. Qu'importe la mort, qu'importe la vie si toutes nos affections supérieures sont brisées? Pour nous donner la victoire et nous permettre d'accomplir la grande mission, la révolution par la guerre, que nous faut-il? le temps d'avertir Paris. Soyez calmes et fermes quoi qu'il arrive; faites-vous tuer à vos places! Je vous jure que Paris viendra.

Il m'est impossible de peindre la frénésie d'enthousiasme qui accueillit ces paroles. Millière me pressait la main avec passion. Blanqui et Delescluze m'embrassaient. La salle hurlait. On me fit toutes les promesses de résistance au dedans; on me délégua tous les pouvoirs pour le dehors. Je quittai la salle dans un triomphe.

Je dis au jeune Marie, avant de le quitter :

— Tout est à craindre de ces esprits flottants. Soyez ferme, ne vous laissez pas entraîner. Faites par vous-même et comptez sur moi.

Une foule d'officiers se précipitaient sur mes pas :

— Nous voulons aller avec vous.

— Venez, disais-je. Il nous faut en deux heures remuer Paris. Nous ne serons jamais trop.

Grâce à moi on les laissait passer.

Ceux qui pouvaient s'approcher me glissaient leur nom, leur carte, leurs titres, le poste auquel ils aspiraient.

Ils me souhaitèrent le bonsoir une fois dehors et allèrent se coucher.

A la place dite, je retrouvai mes deux fidèles Lacroix et Leroux, avec une voiture, où nous nous jetâmes :

— Cocher ! à Belleville !

Vers le milieu de la rue du Temple, nous aperçûmes un bataillon en marche. Aussitôt je sortis de la voiture et je me plantai en avant :

— Halte !... votre commandant ! Commandant, quels sont vos ordres ?

— Je n'en ai pas.

13.

— Les voici. Le gouvernement de l'Hôtel de ville vous attend. Hâtez-vous !

J'écrivis et je signai.

Je fis de même à toutes les compagnies ou aux simples groupes armés que je rencontrai. J'ignorais s'ils étaient pour nous ou contre nous, s'ils n'accueilleraient pas mon ordre par une violence ou une injure. Je jetai tout pêle-mêle dans la fournaise de la lutte. Ils obéissaient et je passais outre.

A Belleville, sept bataillons attendaient l'arme au pied, sur le boulevard.

Je demandai au colonel quels ordres il avait reçus ?

— Je n'ai pas reçu d'ordres.

Quand ces gens apprenaient le retour offensif de la réaction, ils étaient consternés. Ils croyaient que le nouveau gouvernement dormait sur ses lauriers.

Un garde national qui se tenait auprès du colonel me dit, en me prenant la main :

— Vous ne me reconnaissez pas? Je suis Vermorel.

Il m'offrit de me diriger dans le quartier, et m'accompagna une heure dans ma voiture, m'indiquant les salles de réunion, les maisons des commandants, du reste ne paraissant nulle part [1].

Il me fut utile surtout pour pénétrer dans la mairie du XXe arrondissement, qui était, dans toutes les directions, hérissée d'escouades de surveillance et de sentinelles armées jusqu'aux dents. Là seulement je sentis l'instinct de Paris, la volonté de la défense. Le comité d'arrondissement était réuni. L'accueil qu'on fit à ma mission fut grave et digne des beaux jours de 1793. Il laissa dans l'esprit de tous les assistants un vif souvenir. Le commandant du 31 octobre, à Belleville, passa à l'état de légende.

Ils ne savaient rien de ce qui se passait au Louvre et à l'Hôtel de ville. Mis au fait, ils se déclarèrent prêts à tout sacrifier pour défendre, ou, s'il le fallait, pour reprendre l'Hôtel de ville, et me demandèrent mes ordres.

Ils étaient fort nombreux.

—Divisez-vous, leur dis-je, en deux groupes; que l'un de ces deux groupes se tienne ici en

[1] Est-ce pour cela qu'il fut, peu de jours après, déclaré bon pour la peine de mort par trois juges sur cinq ? Il fallait, pour la condamnation, une voix de plus que la moitié, donc trois tiers et demi. Il bénéficia du défaut de cette demie.

permanence, centralise l'action de l'arrondissement, et se mette en communication continue avec les arrondissements voisins de l'Hôtel de ville. L'autre groupe, par individus ou par groupes fragmentaires, fera sonner les fifres et battre les tambours dans tout le nord de Paris, et réunira les bataillons pour les porter rapidement sur l'Hôtel de ville ; là on trouvera de nouveaux ordres, et si je suis vivant, vous m'y reverrez dans quelques heures.

On me promit d'exécuter ce plan, et on l'exécuta. En moins d'une heure tout le nord de Paris fut éveillé en sursaut par le vacarme.

Je lançai en avant, pour remuer les environs, tout ce que je trouvai dans la salle Favier. J'allai moi-même réveiller des commandants. A mon calcul, de minuit à deux heures, je jetai trente-cinq bataillons sur l'Hôtel de ville.

En respirant, sur le mont Aventin de Paris, le grand souffle révolutionnaire, je pus croire mes promesses de onze heures justifiées : Paris viendrait. Il suffirait qu'il vînt à temps. La réaction ne résisterait pas à l'entraînement populaire. Que ferais-je, en rentrant le matin à l'Hôtel de ville, obligé de reprendre mon

rôle de dompteur de foules. De cruelles nécessités s'imposaient : d'abord, le jugement sommaire et l'exécution immédiate de tous les
hommes responsables, sciemment ou non, de
l'inertie organisée depuis le 4 septembre.
Mais pour établir un pouvoir fort et uni
devant l'ennemi, seul moyen d'assurer la défense, il faudrait en outre purger l'air de tous
les miasmes souterrains, commencer par
jeter à Mazas et le gouvernement apparent qui
essayait de se constituer, et le gouvernement latent qui régnait dans les mairies, et
tous ces agitateurs qui préparaient l'éclosion
d'un État dans l'État, et tous les comités qui
mettent les intérêts de faction au-dessus du
salut de la patrie : c'était beaucoup de monde
à déranger. Il faudrait ensuite accepter la
conséquence logique de ce début.

J'avais perdu Vermorel en sortant du XXe
arrondissement. Je trouvai Vallès au XIXe. Il
jouait au magistrat municipal en artiste. Je ne
le regardais pas : il se fit reconnaître, et
trouva la situation assez drôle pour lancer un
mot.

— Combien Trochu lève-t-il d'hommes
contre l'Hôtel de ville? me demandait-il.

— Et ! que sais-je ? Trente mille peut-être.

— Je vais vous donner trois cents hommes solides : cela suffira.

L'un des Fonvielle, à qui je venais d'ordonner de diriger ses quatre bataillons sur l'Hôtel de ville, crut devoir en référer au citoyen maire. Vallès réédita devant lui sa facétie.

Du XVIIIᵉ arrondissement où j'allai ensuite, — ce qui fut long ; le cheval et le cocher demandaient grâce, — je redescendis au XIᵉ. Là j'eus de fâcheuses nouvelles.

L'Hôtel de ville était au pouvoir de la réaction. On ne savait rien de plus. On n'avait pas reçu d'ordres.

Laurent me quitta à la mairie du XIᵉ arrondissement, Lacroix à celle du IIIᵉ, où je trouvai le citoyen Bonvallet.

Ce membre du gouvernement élu la veille avait les pieds devant un bon petit feu d'état de siège.

— Vous venez tard, me dit-il. J'ai attendu des ordres jusqu'à présent, et il est quatre heures et demie du matin. J'ai tenu cinq bataillons sur pied à votre disposition pendant quatre heures, et ne recevant pas d'instructions de l'Hôtel de ville, je me suis décidé à les envoyer à la place Vendôme.

Il n'avait pas reçu d'ordres ! mais il était parfaitement renseigné sur les circonstances des défaillances qui s'étaient produites une heure après mon départ. Car il me les distilla avec une satisfaction ironique mal déguisée.

Les membres du prétendu gouvernement révolutionnaire ne s'étaient point fait tuer dans leurs chaises curules. Ils avaient, après mon départ, donné l'ordre de renvoyer les bataillons qui viendraient ; puis, ils étaient allés se coucher comme tout le monde. Régulus Fleury ne quitta l'Hôtel de ville que le dernier.

Ferry avait aisément arrangé cela. Un plébiscite aurait lieu qui sanctionnerait la lâcheté et la trahison, et l'on s'acheminerait doucettement vers les beaux jours de la capitulation de Paris ainsi votée par les Parisiens.

Quand les bataillons du Nord arrivèrent, on leur dit qu'on n'avait plus besoin d'eux. Plusieurs stationnèrent à distance, attendant quelque chose. Attendant quoi ? Que les intrigants cessent de se moquer du peuple ? Il faudrait attendre longtemps. Ils rentrèrent piteusement chez eux au petit matin. *E finita la commedia !* Ferry dut bien rire dans sa barbe fendue.

Sur les cinq heures, mon cheval éreinté me laissait à l'entrée de la place de Grève. Je donnai au cocher tout ce que j'avais : seize francs. Puis je traversai à pied la grande place.

Il faisait un petit jour gris, traversé d'une pluie fine. Mon pantalon était déchiré près du genou : une grande loque pendait ; le fourreau de mon sabre était tordu, mes éperons allaient de travers.

Pas une âme vivante sur la place ni aux alentours. Un silence de mort.

Je m'avançai vers la grande porte de l'Hôtel de ville, ne pouvant croire que tout fût fini, cherchant les cendres de l'enthousiasme de quelques heures...

Les mobiles postés derrière les grilles me crièrent brutalement :

— Au large !

Lentement je continuai ma route. Je franchis le pont, et de loin je jetai un dernier regard sur l'hôtel bizarrement découpé qui servait de remise à tous les drapeaux politiques et de tréteau à toutes les illusions populaires.

J'ai appelé cette journée du 31 Octobre la *journée des défections* : ce nom doit lui rester dans l'histoire.

VI

L'ÉVANGILE DE LA FAIM

Je me trouvais, par le plus grand des hasards, habiter Belleville, où je n'avais mis les pieds qu'une fois dans ma vie, — en août 1870, comme délégué de la presse. Mon domicile était à Meudon avant la guerre. Ma femme, sourde à mes instances, se décida trop tard à se rendre près de sa famille, dans le Poitou. Quand elle voulut partir, la gare d'Orléans était entourée d'une population, principalement féminine, couchée à terre, attendant le départ de quelque train. Je fis appeler le chef de gare : il me dit qu'il croyait la voie coupée près d'Étampes. Des soins urgents m'appelant au Palais-Royal, je laissai ma femme chercher seule un asile. Des voisins de campagne qui s'étaient réfugiés au boulevard Ménilmontant lui firent prendre un logement dans la maison. Elle s'y installa avec ce qu'elle put transporter en deux voyages dans une voiture de place, laissant à Meudon mes vieilles éditions classiques et d'autres livres rares, que je n'ai jamais revus. Voilà comment je me trouvais habiter Belleville.

Pensant que ma femme partirait et que la guerre me nourrirait, je n'avais fait ni réserve ni provisions. Mes ressources de journaliste m'avaient suffi au début : les seize francs de ma voiture du 31 octobre les épuisèrent. Je n'avais demandé ni subvention, ni solde ; il n'était plus temps d'y songer. Les interdictions de M. Trochu me laissaient dans une position fausse que j'eus hâte de régler. Profitant de ce que la retraite honorable du général Tavernier avait placé à l'état-major de la place Vendôme une figure étrangère aux rancunes du 31 Octobre, je me présentai, dans la soirée du 3 novembre au cabinet du général Clément Thomas.

Je fis passer ma carte. Un colonel parut, excusa le général, et m'écouta.

Je lui exposai la situation qui m'était faite par la défense de quitter Paris, et l'inaction forcée qui résultait pour moi des décisions prises par le gouverneur. Je venais, en conséquence, me mettre à la disposition de la Place pour une tâche ou une mission quelconque, si pénible ou si dangereuse qu'elle pût être.

Le colonel me remercia, prit mon adresse, et me promit de m'écrire aussitôt que l'on aurait besoin de moi.

Je lui soumis incidemment quelques observations relatives au défaut d'instruction militaire des officiers de la garde nationale, instruction dont j'eusse pu diriger les débuts, grâce à l'étude incessante que j'avais faite depuis trois mois de mon *Guide d'état-major*.

— La guerre, lui dis-je, a causé une révolution dont nous devons tenir compte. Le vieux système militaire est convaincu d'impuissance. La démocratie doit avoir recours à des moyens nouveaux. Quelle que soit l'issue de la guerre, la France doit rester armée : la démocratie armée est désormais notre seule force. Vous avez à Paris trois cent mille hommes armés, qui reprendront difficilement l'habitude du travail, et savez-vous quand vous aurez du travail à leur donner ? Faites-en le noyau de votre armée démocratique.

Instruisez-les. Je ne parle pas de l'instruction pratique du soldat, mais de l'instruction théorique de l'officier. L'important est de faire sortir du rang des capacités.

Le colonel déclara l'idée excellente : il était fâcheux qu'on ne l'eût pas mise à exécution au commencement de la guerre ; mais il n'y avait plus lieu d'y songer :

— Ce serait inutile : nous signons la paix dans trois jours.

— Même la paix signée, insistai-je, il y aura lieu de songer à notre nouvelle organisation militaire, pour laquelle on ne suivra pas, je suppose, les anciens errements.

— Votre observation est juste, me dit-il. J'en parlerai au général, et l'on vous écrira.

Peu de jours après ma visite à la place Vendôme, on régla le rationnement du pain, de telle façon que les arrondissements voisins pouvaient en acheter dans le XXe, tandis que le XXe ne pouvait pas en acheter dans les autres.

Je n'eus pas de peine à comprendre la portée de cette mesure, et j'en éprouvai une telle indignation que j'allai à l'Hôtel de ville pour m'en expliquer avec Jules Ferry plus énergiquement que je ne veux dire.

Je ne l'y trouvai pas. Je fus entouré de son chef de cabinet et des directeurs des divers services. J'étais hors de moi, et j'employai des expressions violentes que ma plume se refuse à reproduire. Ma proposition se résumait à ceci :

— Vous voulez affamer le peuple pour le pousser à la révolte.

Ils me répondirent par le refrain cynique de toutes les administrations d'alors :

— Bah ! si le peuple se révolte, nous l'écraserons.

Leur conclusion fut :

— Du reste, la question du rationnement a peu d'importance : nous n'avons de farines que pour huit jours.

La capitulation n'eut lieu que dix semaines après !

C'est que la patience héroïque du peuple l'a retardée. Tandis que la bourgeoisie soignait sa cuisine[1] et répétait : « Si l'on aver-

---

[1] Plus d'un ventre rebondi m'a dit après le siège : « Souffert ! vous dites qu'on a souffert ! Ce sont les Alle-

tissait le peuple, tout serait perdu ! » le peuple, croyant à la réalité de la lutte, souffrait
en silence.

J'ai le droit de porter ce témoignage, car
j'étais mêlé avec ce peuple, je vivais sa vie,
et pas un homme n'a subi plus cruellement
que moi les privations qui lui étaient impo-
sées : j'excepte les pères. Nous nous en tîn-
mes, ma femme et moi, à la portion congrue
de pain et de viande, dans l'arrondissement
le plus maltraité de Paris, et souvent nous
manquâmes d'argent pour la payer. Du 15
novembre au 15 mars, nous eûmes, en effet,
pour toutes ressources, 125 francs que je
réussis à emprunter à des amis, une aumône
de 50 francs du *Combat*, une autre aumône
de 60 francs de *l'Opinion nationale*, la vente
de quelques effets. Ma femme, mourante,
garda le lit pendant deux mois. J'allai moi-
même attendre durant des heures à la porte
des boulangeries et des boucheries.

Le pain le plus exécrable que l'on nous dis-
tribuait n'était pas le pain infect de paille

mands qui font courir ce bruit. Moi je n'ai pas vu cela.
J'ai eu tout ce que j'ai voulu, en y mettant le prix, et les
commerçants prévoyants ont fait de l'or. »

noirâtre : c'était un pain de plâtre, blanc comme neige ; il se résolvait dans la bouche en une poussière fétide qu'il était impossible d'avaler.

Notre principale nourriture se composait de pieds de cheval : après douze heures de cuisson, le cartilage, malgré son goût de cuir bouilli, devenait mangeable avec du vinaigre ; quant au bouillon, nous ne pûmes jamais le boire. Privation absolue de lait, de graisse, de beurre.

Comme légume, nous avions cette graine noire qu'on donne aux pigeons et que les paysans chez moi appellent de la *jarousse.* Après vingt-quatre heures de cuisson elle s'attendrit assez pour qu'on la puisse mettre sous la dent.

Pour le chauffage, j'allais chercher au loin des planches que je portais sur mon dos et que je sciais dans la cour : cela coûtait cher et ne permettait pas d'alimenter notre petit poêle. Il y eut un jour, au nord de l'arrondissement, une distribution de coupes de bois vert, contre monnaie. Je n'apportai mon lot que demi-mort de froid et de fatigue, risquant de m'effondrer dans toutes les crevasses du chemin. Je m'échauffai à le fendre et à le scier, mais il ne voulut pas brûler. Il fallut sacrifier le mobilier : je constatai qu'une chaise d'acajou donne une jolie flamme, qui dure juste dix minutes.

Les semaines s'écoulaient, s'écoulaient sans apporter aucun espoir : chaque jour était une nouvelle lutte contre le froid et la faim; le salut ne paraissait plus possible.

Et bien ! dans cette situation effroyable j'éprouvai, mêlées à un profond sentiment des malheurs publics, de vives joies intimes : d'abord, l'affection inaltérable d'une femme dont les circonstances terribles de cette époque me permirent de mieux connaître le grand caractère ; puis, le contact du peuple, que j'ai toujours aimé, et mon admiration de ses vertus. Les souffrances partagées perdaient de leur âcreté : j'aurais été honteux de ne pas subir les mêmes privations que la foule des misérables.

Je sais que beaucoup l'étaient moins que moi. Les plus petits ménages avaient des provisions, des épargnes. L'on s'entr'aidait entre commères. Il y avait des ententes secrètes avec le boucher. On se répartissait dans l'ombre des sacs de bonne farine. Tous n'étaient pas traités avec la même rigueur aux débits de vente. Il arriva souvent que le sergent de garde à la porte m'offrait de passer avant mon tour : je refusais, et lorsque je m'apercevais d'un passe-droit, j'exigeais que l'on observât le principe d'égalité.

Mais les souffrances du peuple n'en ont pas moins été réelles, poignantes. Les jeunes mères n'avaient plus de lait, donnaient leur sang au nourrisson. Des milliers d'enfants moururent au berceau. Des mères, laissant à la maison de petits enfants sans feu et sans nourriture, venaient à trois heures du matin s'installer à la porte des boucheries, avec le tiers ou le quart des trente sous gagnés par le père, et il leur arrivait d'attendre jusqu'à neuf heures du soir, sur le verglas et dans la neige.

Et le matin des émissaires du gouvernement suivaient en voiture le boulevard extérieur et, mettant la tête à la portière, épiaient avec impatience quand donc commencerait la révolte... On crut même reconnaître les favoris de M. Jules Ferry en personne, guettant son heure, et des femmes crièrent, en montrant la voiture où l'homme se hâta de s'enfermer :

— Le voyez-vous, le lâche ? Il vient voir si nous sommes lasses de souffrir. Et bien ! tu vois que nous ne le sommes pas encore, masque de Judas !

Savez-vous, monsieur Ferry, pourquoi ce pauvre peuple que vous affamiez systématiquement ne se révoltait pas ? Je vais vous répéter un propos de ces femmes dont les haillons excitaient sans doute votre mépris. Une d'entre elles, désespérée après dix heures d'attente vaine devant une grille de boucher qui restait inexorablement fermée, laissait éclater sa douleur :

— Mes pauvres petits qui pleurent là-haut ! gémissait-elle. Non ! vraiment, il n'y a pas de bon Dieu ! On ne devrait pas tant souffrir.

Plusieurs de ses voisines de rang lui jetèrent dans un élan :

— Voyons ! la mère, ne parlez pas ainsi. Il sera temps de se plaindre après la victoire.

Je n'invente point ces paroles, et je ne les arrange pas : je les ai entendues. Et à mon sens, elles prouvent ce que vous auriez pu faire avec ce peuple, si vous, Favre et Trochu, n'aviez pas eu plus de peur de la France que de la Prusse, et n'aviez pas *réglé* entre vous la capitulation dès le 16 septembre.

Comme tout le monde, j'avais eu jusque-là, du peuple de la banlieue, l'idée qu'en pouvaient donner les déclamations des réunions publiques. Je fus entièrement surpris de me trouver entouré d'hommes à sens froid, attentifs à toute remarque sérieuse, désireux de savoir. Dans cette immobilité de plusieurs heures qui nous était imposée, il m'arrivait journellement d'être entraîné à répondre à quelque question, de former des groupes d'auditeurs sans y songer, et de développer une pensée fidèle, toujours la même :

— Le peuple ne doit compter que sur lui. Il ne doit se fier à personne. Celui que tu délègues à un pouvoir sans contrôle, fût-il ton camarade d'atelier, fût-il ton ami, fût-il ton frère, dès qu'il figure dans l'oligarchie bourgeoise, devient ton ennemi. N'attends rien du pouvoir ; fais par toi-même. L'éducation des classes bourgeoises ne te vaut rien ; défie-toi de ce qu'elles t'enseignent : ta conscience te suffit. Associe-toi loyalement avec tes camarades dans l'atelier, avec tes voisins dans le quartier. Obtenez par l'association la sincérité et le bon marché de la subsistance, les garanties du travail. Élevez ensemble vos enfants à frais communs ; gardez vos filles à la maison. Soyez justes entre vous. Laissez les classes capitalistes pourrir dans leurs vices. Grandissez lentement mais sûrement par l'épargne et la morale. Si vous suivez cette règle et ne lâchez jamais la proie pour l'ombre sur les conseils intéressés de quelque hâbleur, l'avenir vous appartient.

Les premières objections que soulevait ce langage étrange tombaient vite. Bientôt l'on écoutait sans répondre, et l'enthousiasme succédait au respect. Les femmes s'en mêlaient et s'écriaient :

— Eh ! c'est ce que je dis toujours à mon pauvre homme.

Les hommes disaient :

— Nous voyons qu'on nous avait trompés : que ne nous a-t-on dit cela plus tôt ! Qui donc êtes-vous, vous qui vous tenez là au milieu de nous, et parlez ainsi au peuple ?

Un père me présenta ses deux enfants en pleurant. Il leur disait :

14.

— Écoutez les paroles de celui-là ! Qu'elles restent dans votre mémoire, et qu'elles deviennent la règle de nos foyers.

Si les questions pressantes de la faim et de la guerre n'avaient pas primé toutes les autres, il y avait là le point de départ d'une nouvelle religion ; il y eut du moins celui du mouvement qui éclata à la fin de février.

Suivant mon habitude, je me dérobais aux manifestations au lieu de les chercher. Je jetais ma pensée au vent lorsqu'on m'interrogeait, parce que je la croyais sage, puis je passais outre et m'enfermais dans ma solitude, ne supposant pas qu'il pût résulter de cet enseignement de hasard aucune action.

Malheureusement, dire à un peuple qui n'en a pas l'habitude de penser et d'agir par lui-même, c'est dire au paralytique de se lever et de marcher. Après avoir répondu à la perpétuelle question : « Mais enfin, à qui peut-on se confier ? — Mes amis, à personne ! » je les entendais au bout d'un moment s'écrier :

— Ordonnez ! nous vous suivrons !

Alors je frappais du pied :

— Mais puisque je vous dis de n'avoir

confiance en personne ! Pourquoi vous fier à moi plutôt qu'à un autre ? Si mon avis vous paraît bon, suivez-le, et faites par vous-mêmes.

C'est ce dont ils étaient incapables, proie fatale des intrigants, auxquels mes beaux enseignements devaient les livrer une fois de plus.

Cependant je restais frappé de la différence que je trouvais entre ce peuple et les classes que j'avais jusque-là fréquentées. Il me sembla que, si nos classes dites gouvernantes, — notre finance, notre administration, notre haut commerce, nos arts, nos sciences, nos lettres, — étaient jugées et condamnées par ce que Proudhon appelle le jugement de la guerre, le prolétariat, pour l'appeler par son nom, n'était pas responsable de notre déchéance et contenait les éléments d'une ordination nouvelle.

Le lecteur aura pu remarquer qu'au 31 octobre il n'avait été prononcé ni par moi ni autour de moi aucun mot qui ne visât exclusivement la défense nationale et le maintien de la République.

A la fin de novembre, le courant de mes idées se creusa plus avant. Pour édifier l'avenir il me fallait une force : sachant que je ne la trouverais pas dans la bourgeoisie, je me demandai s'il ne fallait pas la chercher dans le peuple.

J'écrivis sous cette impression, produite par le contact des mondes d'en bas, un article que j'intitulai, je crois : *La guerre démocratique*. Je le portai à la rédaction du *Combat*, où je le remis à un garçon de bureau. J'eus l'étonnement de le lire dans le journal le lendemain. Je portai un second article, complémentaire du premier : *La liberté de la défense*. Je ne me rappelle pas s'il fut inséré.

Je résumais dans ces deux articles la thèse que j'avais soutenue depuis le commencement de la guerre sur les droits d'un peuple attaqué par un gouvernement despotique ; j'y ajoutais quelques idées plus hardies sur la connexité intime de la révolution et de la guerre et sur l'émergence des forces populaires.

Lorsque je parus au journal, on me dit :

— Félix Pyat désire vous parler.

On m'introduisit dans une chambre où il y avait du feu. Je m'assis au coin du foyer et j'attendis.

Le vieux révolutionnaire se dressa bientôt
devant moi, comme un spectre sortant de la
tombe. Il me fit signe de rester assis, prit lui-
même un siège devant le foyer, réfléchit longuement, puis, levant la tête, parla d'une
voix grave. J'abrège son discours:

— Monsieur, en revenant à Paris après dix-
huit ans d'exil, mon premier soin fut de demander à ceux qui étaient restés : « Quels
sont les hommes qu'a produits cette période? »
On m'en présenta plusieurs qui avaient de
l'apparence : je les sondai, et au fond je ne
trouvai rien. J'arrivai à cette conclusion dé-
solante que la période du second empire avait
été totalement stérile et que nous n'avions
devant nous aucun homme nouveau. Tout à
coup, un article me tombe sous les yeux, signé
d'un nom que je lis pour la première fois. Cet
article est admirable d'un bout à l'autre par
la pensée et par la forme. Il contient toute
la doctrine. Celui qui l'a écrit a tout pénétré…
Je demande si on a vu l'auteur, quel est son
âge. On m'assure que c'est un homme jeune.
Comment un homme jeune, formé dans un
tel milieu, peut-il avoir deviné tout ce que nous
savions, nous les vieux, nous les héritiers de

la doctrine ? Cela paraît impossible, mais cela est. Il n'y a pas à s'y tromper : cette génération perdue a produit quelqu'un. J'éprouvai l'un des bonheurs les plus vifs que j'aie ressentis de ma vie... Hélas ! ce bonheur fut court. Mes collaborateurs vinrent et me dirent : « Celui que vous admirez est un bonapartiste, un ami de l'Empire. » Je ne voulus pas les croire sans preuves : on m'apporta un dossier accablant, ne laissant pas place au doute : l'homme en qui j'étais près de mettre tout notre espoir était notre ennemi. Du reste, la rédaction entière se retirait si j'acceptais une telle collaboration pour le journal.

J'écoutai en silence cet exposé des faits, compendieux et solennel.

Félix Pyat voulut ensuite, paternellement, admettre pour moi les circonstances atténuantes.

—Je ne les accepte pas, lui dis-je. Tout ce que j'ai écrit, je le maintiens, et je tiendrais la même conduite si c'était à refaire. Je comprends parfaitement que l'exil vous ait tenu immobile sur le rocher de vos anciennes indignations ; mais un peuple ne vit pas sur une rancune. La France était solidaire de l'acte

de 1851 : vous aviez le droit de maudire cet
acte, mais non d'y arrêter le développement national. Vous me croyez jeune, vous vous trompez : je suis plus vieux que vous ; car vous en
êtes resté aux illusions de 1848 et j'ai l'expérience de 1870. Il y a des causes supérieures
à celle de l'Empire ; ce sont celles de la Démocratie, du Progrès, de la France, de la
Liberté. Vous vous plaignez que cette période
n'ait rien produit : eh ! c'est vous qui l'avez
rendue stérile en la suspendant à vos phrases
sonores. Nous n'avons commencé à penser et
à vouloir que quand nous avons compris la
nécessité d'accepter les faits, d'être de notre
temps. Les élections de 1869 ont, d'ailleurs,
tout changé en France : l'ennemi de la Démocratie n'a plus été l'Empire, mais la coalition
qui aujourd'hui nous opprime. De vrais politiques doivent prévoir l'avenir. Le principe du
pouvoir établi n'était plus qu'une arme entre
les mains du peuple. La situation politique,
pour la Démocratie, était meilleure il y a
deux ans, sous le nom d'Empire, qu'elle ne
l'est aujourd'hui sous l'oligarchie des intérêts,
qui se pare du nom de République. Je crois
avoir suivi une sage politique en défendant

jusqu'au 4 septembre le principe du pouvoir ; je l'ai fait d'ailleurs gratuitement.

Cette déclaration franche et un peu dure suscita bien quelques cris de géline à qui on enlève ses poussins. Je dois dire cependant, à l'honneur de l'intelligence de Félix Pyat, que, tout en se sentant frappé dans la vieille quiétude de son esprit de révolte contre le tyran désormais hors de cause, il ne me sut pas mauvais gré de la persistance de mes convictions. Je crois que mon point de vue, nouveau pour lui, le frappa.

Notre séparation momentanée était forcée :

— J'ai peut-être tort, me dit-il. Il se peut que votre collaboration fût pour moi plus précieuse que toutes les autres ensemble ; mais je ne suis pas libre. Ce n'est qu'une question de temps : nous nous reverrons.

J'ai reproduit cette conversation avec quelque détail parce qu'elle fixe un point, en mettant en présence, dans deux hommes, deux époques. M'arrivera-t-il un jour, comme à Félix Pyat, de me trouver en face d'un plus jeune que moi qui me montre le chemin parcouru depuis dix-sept ans et par la force d'une affirmation nouvelle condamne mes vues arriérées? Je le désire.

Repoussé par Félix Pyat comme je l'avais été par Gambetta, je dus comprendre que, malgré l'imminence du péril et la conformité de mes idées avec la conscience populaire, mes efforts patriotiques seraient toujours stérilisés par les intérêts de secte ou de coterie, et je me serais enfermé, si j'eusse été sage, dans la conviction de mon impuissance.

Mais, voyant qu'il n'y avait pas plus à espérer des partis d'action que des partis de réaction, et que l'issue de la guerre était fatale, je ne pus m'empêcher de considérer quelle serait, dans l'ordre politique, la conséquence prochaine de notre défaite. Nous allions manifestement à la guerre sociale. Or, autant je désirais une organisation des classes laborieuses pour la subsistance, le travail, l'éducation, la morale, pour l'autonomie industrielle et la résistance à l'oppression de l'oligarchie financière, autant je redoutais une collision armée, qui ne pouvait avoir d'autre résultat que de multiplier le nombre des frelons de la ruche, de faire massacrer quelques milliers de naïfs et de consolider la puissance d'une réaction incohérente sans dignité et sans principes. Je cherchai s'il n'y avait pas un moyen d'accomplir sans violence la révolution sociale, et je crus en trouver deux : une ligue de la Démocratie faisant par elle-même et se dérobant à l'influence des hommes de désordre ; une ligue de la Bourgeoisie renonçant au plus inique de ses privilèges pour se sauver elle-même en sauvant le peuple et l'État.

Je m'adressai d'abord à la Bourgeoisie, plus libre de son action que le peuple. Dans deux lettres que publia l'*Opinion nationale* (3, 5 janvier 1871), j'avertis les classes capitalistes de la lutte prochaine ; j'essayai de leur faire comprendre qu'elles avaient intérêt à la prévenir, le mal public n'étant profitable qu'aux factieux et aux agioteurs ; je leur indiquai une réforme si importante, qu'étant accomplie, elle rétablirait peu à peu tous les équilibres, et que, sans elle, toutes les autres réformes seraient vexatoires et inutiles :

L'égalité devant l'instruction de l'État.

C'est-à-dire l'interdiction pour les pouvoirs publics de subventionner des deniers de l'État aucune école qui ne soit pas ouverte également

ment aux fils de tous les Français, par voie de concours à tous les degrés, sans acception de la richesse.

Je prouvai aisément que cette réforme, qui n'a rien de subversif, qui n'est qu'une application du plus élémentaire des principes de la Révolution, était le seul moyen de relever les études, de rendre à l'esprit français toute sa vigueur dans les diverses branches de l'activité sociale, enfin de supprimer peu à peu sans cataclysme les distinctions de classes.

J'ajoutais qu'il était temps pour les classes capitalistes et lettrées de comprendre les responsabilités de leur situation dominante, si elles ne voulaient pas assister inertes à la déchéance nationale ; que, faute d'une initiative intelligente prise par elles, les masses populaires seraient fatalement entraînées aux désordres, qu'une fois encore, grâce à la stupéfaction produite par nos désastres, il appartenait à la Bourgeoisie de diriger une action de relèvement national, mais qu'elle n'aurait peut-être pas toujours si beau jeu.

— Votre appel a été très remarqué et il sera entendu, me disait Georges Guéroult.

Je n'en crus rien.

Je l'avais fait par acquit de conscience, sans rien espérer de la sécheresse de cœur et de l'étroitesse de vues des satisfaits.

En effet, dès que les portes de Paris nous furent gracieusement rouvertes par les Bavarois, ceux qui avaient des millions cachés les emportèrent, et les autres allèrent visiter leurs châteaux et leurs fermes.

Malgré les tristesses indicibles de la capitulation, rendue inévitable par l'épuisement des corps et des âmes, on ne peut se rappeler sans un doux tressaillement les premiers jours où reparurent dans les boulangeries du pain de froment et sur les marchés des légumes verts. Le premier de ceux-ci qui se montra à Ménilmontant fut le poireau, que j'abhorrais : je l'ai eu depuis en grande estime et affection. Quand les pommes de terre se vendirent sur mon boulevard vingt-cinq sous le boisseau, mon propriétaire m'offrit à deux francs celles qui pourrissaient en tas dans sa cave. Malheureusement, faute d'argent, nous restâmes huit jours sans pouvoir participer à cette provende. Un matin, mourant de faim, j'allai mendier quelques francs chez

Dubuc. Je fis à pied le chemin de Ménilmontant au commissariat de police de la rue Monge.
Là j'appris qu'on l'avait renvoyé à Levallois-
Perret, où je me rendis, traînant la patte dans
des souliers éculés. Il était occupé hors de son
bureau ; je ne le rencontrai qu'à trois heures.
Pauvre lui-même et très chargé de famille, il
put cependant me prêter cinq francs. Je me
hâtai d'acheter un beau pain blanc, dont je
dévorai le tiers sur une impériale d'omnibus,
avec quelle joie d'apporter ce confort à la maison !

VII.

LA RÉSOLUTION DE BELLEVILLE

Quand le peuple aussi eut mangé, il commença à réfléchir. Il vit l'abîme où nous avaient jetés les connivences des hautes classes. Il s'irrita d'avoir été joué. Il ne jugea pas que le résultat obtenu valût tant de constance et de souffrances. On lui faisait rendre ses armes ; les trente sous de solde allaient lui être supprimés. Quand viendrait le travail ?

C'est ce dont le gouvernement de la capitulation ne s'occupait pas, son unique soin étant de blesser Paris en lui imposant des hommes impopulaires.

Jamais la férocité et l'imbécillité humaines n'égalèrent ce qu'en montra le gouvernement de la paix à tout prix qui nous arrivait de Bordeaux. Si l'histoire se rend jamais compte de la conduite de ces hommes, leur souvenir ne sera conservé qu'avec horreur. Elle ne concevra pas qu'au sortir des souffrances du siège, après un cataclysme national qui avait ruiné ou appauvri tant de familles, les classes gouvernantes et leurs mandataires d'occasion n'aient pas un instant pensé que la solidarité sociale et humaine devait au moins momentanément modifier les conditions du combat économique. Aucun adoucissement aux engagements antérieurs ou contractés pendant la demi-année de suspension de la vie industrielle ne fut décrété en faveur des victimes de la guerre. Les veuves et les orphelins des soldats morts volontairement pour la patrie ne reçurent aucun dédommagement. Les dévouements à la cause nationale furent raillés ; les titres acquis durant la guerre annulés et les services méconnus. Les avidités rapaces des politiciens et de leurs valets se gorgèrent effrontément dans la ruine publique en marchant sur la gorge râlante des affamés.

Je m'étonne que le peuple ne se soit pas dressé dans sa taille, le fort matin, et ne se soit pas simplement rué sur les tables où festoyaient les détenteurs de la richesse. Dans son instinct profondément conservateur, il se contenta de geindre, regardant avec effroi le passé infâme et l'avenir sombre. Les gardes nationaux sans armes, les ouvriers sans travail erraient par les rues, la tête basse, écrasés par le désastre, toute foi morte, tout espoir détruit.

Un gouvernement de hasard, une assemblée d'épouvante ne cachaient pas leur intention d'étouffer la Démocratie sous les décombres de la République. Monsieur Gambetta, se lavant les mains du grabuge, se promenait en Espagne. On avait mis sous clef les agitateurs connus et fermé les salles.

Si l'on eût voulu éviter le désordre, on prenait un mauvais moyen : il eût mieux valu laisser crier : les coryphées de réunions publiques n'ont jamais fait beaucoup de besogne.

Me promenant un soir, seul comme toujours, vers le milieu de février, je vis, sur la place de l'église de Ménilmontant, un attroupement considérable. Je m'approchai. Un bureau s'était formé en plein air; des luminaires avaient été accrochés aux branches des arbres.

Celui qui présidait ce bureau exposa en quelques mots l'état des choses. Il dit que, les

salles étant fermées, force était au peuple de
se réunir sur la voie publique, à la mode an-
glaise, s'il voulait envisager sa situation. Il
ajouta qu'en présence de conjonctures si
cruelles et de si sombres perspectives, la Démocratie avait besoin d'une direction et que quelqu'un devait avoir quelque chose à dire au
peuple.

L'appel prononcé, personne ne bougea.

L'appel fut renouvelé quatre fois : même
silence.

— Nous constatons avec peine, dit le président, que le peuple est abandonné à lui-
même dans des circonstances aussi redou-
tables, et que personne ne trouve rien à lui dire.
Nous allons être obligés de lever la séance.

Chacun des appels m'avait fait violemment
battre le cœur ; car moi j'avais quelque chose
à dire. Imprudemment, sans mesurer les conséquences de mon acte, entraîné par le sentiment du devoir, je fendis la foule, après ces
dernières paroles, et je m'avançai :

— Vous demandez un homme qui ait quelque
chose à dire au peuple. Puisque aucun autre
ne se présente, me voilà.

Je prononçai un long discours qu'il m'est

impossible de reproduire ici, mais dont l'effet fut immense. On jugera de l'esprit dans lequel il était conçu par ce passage que je me rappelle textuellement :

— Vous voyez où vous ont conduits les doctrines du progrès quand même, de la fraternité des peuples et de l'avènement de la Démocratie. Laissez les doctrines aux hommes d'école, et n'attendez d'aucune divinité, d'aucun pouvoir, d'aucun chef l'amélioration de votre destinée. Si vous voulez que votre soupe se fasse, faites-la vous-mêmes. On vous parle de la science, et certes vous n'achèverez rien sans elle. Mais la science suppose des maîtres, et les maîtres, vous ne les avez pas. La science sociale est encore à faire. Moi qui possède les sciences de la Bourgeoisie, je vous déclare qu'elle ne sait rien qui vous soit utile. C'est par cinquante ans de travail, d'épargne, d'observation de la loi, d'association de vos forces, d'éducation commune de vos enfants, que vous acquerrez la puissance intellectuelle et la puissance sociale, et alors la puissance politique vous appartiendra à bon droit. Si vous voulez vous en emparer auparavant par un coup de main, vous serez fatalement la

proie des hâbleurs et des habiles, vous renouvellerez perpétuellement sans améliorer votre
sort les fautes anciennes.

Je terminai en montrant le douloureux état
de la patrie et les devoirs que cet état créait à
la Démocratie française. Je puis encore citer
mes derniers mots :

— Si après tant de déceptions et dans un
tel abaissement ce peuple ne se retourne pas
sur lui-même et ne se montre pas capable de
résolutions viriles, c'est que sa mission dans
le monde est terminée et qu'il est destiné à
disparaître bientôt et à bon droit.

Cette prédication, accueillie avec une frénésie d'enthousiasme par toute la foule, a été
le fait initial du mouvement populaire de
février 1871. Elle ne comportait pas les conséquences que les événements en ont déduites.
Ses termes me permettent de reconstruire
l'état des esprits à cette époque et de regretter ce qui aurait pu, sous l'impression première du jugement de la guerre, être accompli
dans l'ordre social par le prolétariat de Paris,
s'il eût eu une organisation et des chefs.

Les membres du bureau, effrayés, me dirent
à voix basse :

— Vos idées sont très belles ; mais c'est à nous qu'il faut dire cela, non pas au peuple.

Je sortis avec difficulté de l'assemblée, qui s'était accrue pendant que je parlais et pouvait se chiffrer par des milliers de têtes. Un grand monsieur décoré, aux manières distinguées et fort polies, qui semblait être un commissaire de police ou un membre de la haute administration, s'empara de moi et m'accompagna, curieux de mieux connaître mes vues, dont je ne me cachai point ; il reconnut qu'elles tendaient bien plutôt à détourner la guerre des classes qu'à la provoquer.

Le meeting se réunit deux autres soirs, sur la proposition des membres du bureau ; puis l'enthousiasme populaire, qui s'accentuait chaque fois davantage, les inquiétant fort, il fut réglé que je m'entendrais avec le *Comité* de l'arrondissement pour arrêter les bases d'un programme d'exécution.

Je n'ai jamais su de qui émanait ce Comité ni ce qu'il voulait.

Après quelques conférences tenues à huis clos, défiantes et froides, je fus engagé par ledit Comité à rédiger mon programme d'organisation autonome de la Démocratie, qui serait examiné dans la soirée du 24 février en réunion secrète de tous les membres.

Cette réunion eut lieu dans une sorte de grange, très haute et très vaste. Quatre-vingts personnes au plus y assistaient, officiers de la garde nationale ou délégués de groupes. Après un accueil glacial, le président du bureau m'invita à lire le document que j'avais préparé. La lecture, assez longue, fut écoutée en silence. Pas une interruption, pas une manifestation quelconque.

Quand je l'eus terminée, il n'y eut aucune discussion du sujet. L'on en vint aussitôt à ce qui occupait bien davantage ces gens de comité, à la question personnelle. Je dus subir un véritable interrogatoire de cour d'assises ; deux ou trois commandants, un surtout, m'attaquèrent avec un acharnement qui allait parfois jusqu'à l'outrage. A ces objurgations trahissant le dépit je répondais avec une politesse tranquille.

Cette lutte durait depuis près d'une heure et devenait inconvenante. Tout à coup la masse des assistants, qui jusque-là n'avait témoigné aucune impression, murmura d'un accord spontané ; plusieurs, s'avançant vers le bureau et se plaçant en face de mes adversaires, leur dirent énergiquement :

— Et nous vous prions de finir. Nous ne sommes pas si bêtes que vous croyez, et nous voyons parfaitement votre mauvaise foi. Nous vous connaissons, et nous déclarons qu'entre ce citoyen et vous, nous ne sommes pas avec vous, mais avec lui.

Ce fut une explosion de cris d'approbation sur tous les points de l'enceinte. Mes ennemis, très honteux de leur méconvenue, s'écartèrent en grommelant. Le président, dont l'équité d'ailleurs avait été aussi parfaite que sa froideur depuis le commencement de la séance, me dit :

— Vos paroles, tout à l'heure, ont fait allusion au 31 Octobre. Pourriez-vous nous aider à retrouver un homme que nous recherchons inutilement depuis cette époque. Il s'agit du commandant qui est venu à deux heures du matin nous porter à la mairie de l'arrondissement les ordres de l'Hôtel de ville. Nous avons tous conservé un souvenir très vif de cette scène et nous avons appris que le même officier a commandé à l'Hôtel de ville avant d'en sortir pour y amener les bataillons du nord de Paris. Si vous étiez à l'Hôtel de ville le 31 octobre, peut-être pouvez-vous nous fournir quelque renseignement à son égard.

— Très facilement, répondis-je ; car l'homme dont vous parlez, c'était moi.

J'avais déjà cause gagnée avant cette question ; ma réponse acheva de rompre toutes les glaces. On acclama le commandant du 31 Octobre, qu'on n'avait jamais vu avant ni revu après, et dont le souvenir tenait du mystère. Toutes les mains se tendirent vers moi. Je crois même que ceux qui m'avaient furieusement attaqué profitèrent de la circonstance pour faire amende honorable :

— Ah ! si nous avions su qui vous étiez !

Mon projet d'organisation de la Démocratie fut dûment enterré dans les cartons de je ne sais quelle commission, suivant la routine imperturbable des bons Français. Un incident brusque vint donner à nos préoccupations un autre cours.

De nouveaux venus, introduits avec les précautions d'usage dans les assemblées secrètes, annoncèrent, tenant ce bruit je ne sais d'où, que les Allemands devaient occuper subrepticement Paris dans la nuit du 26. Cette nouvelle fut prise au sérieux, j'ignore sur quelles données. Si rien ne permettait de prévoir l'événement, il était du moins possible, la garde nationale ayant en grande partie désarmé, les bataillons étant désorganisés, et le gouvernement ne prenant aucune mesure de défense.

On se tourna vers moi et l'on me demanda :

— Que faut-il faire ?

Je répondis :

— S'armer.

— Prenez garde, me dit le président ; nous ne pouvons, malgré nos soins, répondre de toutes les personnes qui sont ici. Il se peut que vos paroles soient rapportées ce soir même à M. de Bismarck.

Je repris :

— C'est pour cela que je les dis. Il est bon qu'il sache que, s'il essaye d'occuper Paris, il trouvera Paris armé.

Ma proposition fut adoptée, et il fut entendu que le Comité organiserait pour le 26, à deux heures, un meeting de la garde nationale sur le plateau situé en haut de Ménilmontant, derrière la nouvelle mairie.

Résultat bien inattendu d'une réunion destinée à préparer l'organisation économique et sociale du peuple en dehors de la politique.

Le lendemain, l'agitation commencée à Belleville tendit sans doute à se répandre dans Paris; car, en passant rue Saint-Martin, je vis un attroupement que la police s'efforçait de dissiper. On invoquait le droit de réunion. Les agents du gouvernement répondaient :

— Vous n'avez pas le droit d'entraver la circulation.

J'engageai la foule à se réunir au square des Arts et Métiers, où elle n'entraverait rien. Mais tous discouraient sans s'écouter l'un l'autre et je me retirais, quand j'entendis un homme dire avec une certaine force d'élocution des choses sensées. Je conversai avec lui. Il s'appelait Mercier. C'était un beau gars, à fière carrure. Il s'empressa de me montrer des papiers établissant qu'il avait plus d'une fois, pour le compte du gouvernement du 4 Septembre, traversé les lignes de l'ennemi. Je le pris pour un héros, et je lui conseillai de se rendre au meeting de Belleville, qui devait avoir lieu le lendemain. Je donne ce détail, insignifiant en lui-même, à cause de ses suites, qui montreront que des événements graves sont quelquefois à la merci des circonstances les plus futiles.

Le lendemain, comme je sortais, ma femme me demanda :

— Où vas-tu ?

— Il doit y avoir une réunion de la garde nationale par là-haut, je ne sais trop où. Je vais voir ce qui s'y passe.

— J'espère au moins que tu ne vas pas t'en mêler.

— Pour cela ne crains rien : j'aime trop peu le bruit. D'ailleurs, je ne suis pas de la garde nationale; ce n'est pas mon affaire. Je me tiendrai à distance pour regarder.

Ma mauvaise chance voulut que, grâce à l'habitude des Parisiens d'arriver en retard, je me trouvai au rendez-vous l'un des premiers. Une vingtaine de personnes tout au plus étaient dispersées par groupes sur le vaste plateau. Il fallut m'avancer. On me reconnut : on courut vers moi, en me demandant :

— Que faut-il faire ?

— Puisque nous sommes les premiers arrivés, répondis-je, et pour le cas où la réunion devrait avoir lieu, ce qui ne paraît pas sûr, nous devons choisir un emplacement pour le bureau et le Comité et y faire porter des tables et des chaises.

Les tables et les chaises mises en place, le Comité arriva, le bureau se constitua. Ce Mercier, que j'avais connu la veille rue Saint-Martin, parut à ce moment; sur sa demande, je le présentai au président comme un brave homme. Un millier de personnes s'amassaient autour de nous. C'était peu, et je doutais du succès de la convocation, lorsque soudain, comme sur un coup de baguette magique, des bataillons entiers surgirent à la fois sur tous les points de la place, qui, en moins de dix minutes, fut remplie par une foule immense.

Je fus satisfait dans mon instinct de dramaturge et je constatai que la réalité fait bien les choses. J'avouerai en passant que les grandes scènes auxquelles j'assistai à cette époque m'ont fait depuis juger maigres celles de nos petits théâtres.

Je me trouvais donc, pour être arrivé trop tôt, placé près du centre de la réunion. Un espace vide était ménagé devant le bureau et la table qui devait servir de tribune. Les membres du Comité s'étaient rangés tout autour. Je me glissai derrière eux, ne pouvant décemment percer la foule et disparaître.

La séance ouverte, le président me regarde et me dit :

— On vous attend.

— Quoi? fis-je avec une vraie surprise et un ennui de la responsabilité qu'on m'imposait : à quel titre prendrais-je la parole? Je n'appartiens pas à la garde nationale, je n'habite que par hasard cet arrondissement, je suis inconnu du peuple ; je suis un homme d'étude, non un homme d'action. Laissez parler et agir les représentants naturels des citoyens ici réunis.

— Nous sommes réunis, me répondit-il, pour vous et par vous : si vous ne prenez pas la parole, personne ne la prendra [1].

— Soit. Puisque vous le voulez, je parlerai.

Et sans m'accorder un instant de réflexion, quoique venu là sans la moindre pensée de

---

[1] Textuel. J'insiste sur ce point. Je veux qu'il soit bien établi que, dans cette circonstance comme au 31 octobre, j'ai été mis en avant par la force des choses, sans le désirer.

dicter une résolution ni même de parler, je bondis sur la tribune, et je commençai par ces mots :

— Citoyens, pas plus que moi vous ne croyez à la réalité de nos défaites. Une occasion suprême nous est offerte...

Le lecteur suppléera aisément le reste.

Mon discours fut exclusivement national, avec quelque coquetterie peut-être à l'égard de la Démocratie, qui établirait ses droits à l'affranchissement en sauvant l'honneur et l'intégrité de la nation, abandonnés par les anciennes classes gouvernantes, et une flatterie pour Belleville, qui une fois de plus montrerait à Paris, à la France et à l'Europe le chemin du devoir. Je dis que les Allemands étaient fatigués, disséminés, non prêts pour une nouvelle lutte, et que trois cent mille hommes résolus, dirigés par des patriotes sincères, pouvaient aisément dégager Paris, ressusciter la résistance en province et prendre à revers les corps ennemis avant que la lenteur du génie germanique ait pu se reconstruire une base d'opérations. Je conclus en déclarant que la garde nationale devait repousser par le canon toute tentative, acceptée

ou non par les traîtres et les lâches, d'occupation partielle ou totale de Paris. J'ajoutai que
l'assemblée de Bordeaux et son exécutif n'é-
manaient pas d'une constitution républicaine
conforme aux idées et aux besoins du temps,
n'étaient pas à la hauteur de la tâche créée par
le péril public et ne représentaient pas le sentiment national ; que jusqu'à l'établissement
d'une constitution démocratique il n'y avait
pas d'autre droit en France que celui du
citoyen armé ; que le nouveau droit public devait sortir de la fédération des droits indivi-
duels, et qu'en fournissant à la Démocratie
l'occasion de former dans son sein un grand
parti national, le renouvellement de la guerre
nous épargnerait des siècles de déchéance, de
servitude et de misère.

Je n'entrevoyais, pour le début, d'autre
moyen d'action que de soulever un mouvement immense dans Paris en le traversant
en masse. Tel fut le sens de ces derniers
mots :

— Je marche en avant ! Me suive qui voudra !

Je m'étais précipité en bas de l'estrade pour
joindre l'action à la parole. Une clameur

formidable s'élevait de tous les points de la place :

— Tous ! tous !

Et la masse entière s'ébranlait.

Je m'efforçais d'aller prendre la tête du mouvement, malgré les membres du Comité qui m'entouraient et me retenaient :

— Que faites-vous ? Nous sommes perdus !

Tandis que je me dégageais violemment, usant des poings sous les hurlements de toute la foule, quelqu'un me dit à demi-voix :

— Mais puisqu'il y a un comité central, pourquoi ne pas s'en servir ?

Je n'employais le moyen d'une descente tumultueuse dans Paris qu'à défaut d'autre, n'attendant jamais rien de bon des manifestations de cette sorte. Ce mot me frappa. Je m'arrêtai et me fis expliquer rapidement ce qu'était le comité dont on me parlait.

En fait, il n'y avait point de comité central ; il y avait une commission chargée de préparer le projet de règlement d'un comité à créer. Ce comité devait relier entre eux les conseils de famille des compagnies, conseils uniquement chargés de soins d'intérêt matériel. En un mot, rien, ni dans l'acte ni dans le projet, qui répondît à mes vues : cependant, une chose énorme, un embryon d'organisation !

Aussitôt je remontai sur la tribune, j'arrêtai d'un geste le mouvement de la foule et je formulai une proposition concluant à ceci :

— La France n'a pas de constitution. Le droit réside tout entier dans le citoyen. Pour préserver son droit, pour établir une constitution limitative et préservative de ce droit et la défendre, le citoyen doit être armé et rester armé. Chaque compagnie de citoyens armés délègue pour l'action commune l'un des siens, toujours révocable et sous contrôle permanent. Les délégués de compagnie se réunissent en comité d'arrondissement. Chaque comité d'arrondissement délègue au même titre et sous les mêmes réserves un de ses membres au comité central. Les ordres du comité central sont adressés aux comités d'arrondissement et transmis à chaque compagnie par son délégué. Le comité central confie l'exécution à son président, sous le contrôle de chacun de ses membres. Cette organisation improvisée sous la double menace du péril national et du péril social est la seule base possible d'une constitution démocratique, et doit être offerte comme exemple à toute la France pour remplacer le régime oligarchique et parlementaire faussement paré du nom de république.

Vu l'urgence, la commission du règlement récemment instituée est invitée :

A se déclarer comité central provisoire ;

A réunir sous trois jours les compagnies pour la désignation d'un délégué d'arrondissement, puis les comités d'arrondissement pour la formation d'un comité central définitif ;

A rédiger et imprimer durant ces trois jours un projet de règlement constitutif conforme aux déclarations de Belleville actuellement votées ;

A prendre toutes mesures de salut public nécessaires jusqu'au moment de la réunion du comité central régulièrement constitué ;

A réorganiser immédiatement la défense de Paris, à répondre par le canon à toute tentative d'occupation par l'ennemi et à prendre occasion de toute attaque pour le refouler loin de nos murs et, avec l'aide des provinces, l'expulser du sol national ;

A faire afficher dans toutes les communes

16

de France les résolutions de Belleville, en invitant les citoyens de tous les points du territoire à s'armer et à créer sur le même plan des organisations locales et régionales, dont les délégations formeront le gouvernement national.

Quant au prétendu gouvernement qui nous vient de Bordeaux, il n'y a pas à le renverser, il n'y a qu'à le négliger : il ne répond à aucun principe, à aucun droit ; il n'a pour lui que sa honte ; devant les citoyens armés et la conscience publique debout, il n'est pas.

La garde nationale du XX° arrondissement de Paris, ici assemblée, nomme dès à présent deux délégués dont l'un restera membre du comité central à titre définitif ; l'autre servira d'intermédiaire entre le comité central et l'arrondissement, dont il provoquera l'organisation.

Ces deux délégués sont chargés de porter les résolutions de Belleville aux membres de la commission actuelle du règlement et de les inviter à s'y conformer.

Mes propositions adoptées à l'unanimité, les deux délégués de l'arrondissement furent désignés par acclamatien.

Je fus le premier ; Lavalette fut le second.

Pour donner à ce vote un caractère régulier et définitif, le bureau fit l'appel de tous les délégués des bataillons de l'arrondissement. Ils se trouvèrent présents, et confirmèrent un à un les votes unanimes de l'assemblée.

Je les réunis dans une salle voisine, où je rédigeai sommairement la résolution de Belleville dans ses points essentiels, concernant la reprise des armes, la défense de Paris, l'organisation et les pouvoirs du Comité central.

La résolution ainsi rédigée fut lue et relue à haute voix et signée par toutes les personnes présentes, comme l'expression de la volonté du peuple.

Au moment où je me retirais avec Lavalette pour procéder à l'exécution des résolutions prises, un jeune homme me demanda :

— Et moi, que dois-je faire ?

— Mais, répondis-je, étonné de sa question, rester en permanence avec le comité provisoire d'arrondissement dont vous faites partie et y veiller à l'exécution des ordres du Comité central.

Il n'ajouta rien. Je venais, sans m'en douter, de me faire un ennemi. Je sus trop tard que ce jeune homme, du nom de Casimir Bonis, était un des membres de la commission du règlement qui, par le vote de l'assemblée, était investie des fonctions de comité central provisoire. Il devait, d'après le vote, faire partie de ce comité. Il crut que je l'en éliminais. De là une inimitié dont les conséquences ont pu être graves.

De son côté, le nommé Mercier profita de ce que je l'avais présenté au président pour se faire donner la parole après mon départ. Il bredouilla, il se troubla ; on eut des soupçons, on le fouilla ; on trouva que c'était un agent de la police. Là-dessus les têtes se montèrent ; le peuple se jugea trahi encore une fois, et ma révocation fut prononcée. Délégués sur délégués furent envoyés pour me faire part de cette belle conclusion : pas un n'osa me la transmettre. Je ne l'appris que plusieurs jours après, la force des événements ayant obligé le comité de Belleville à l'annuler. O pouvoir des grains de sable !

Pendant que les hâbleurs, étalant leur éloquence devant une assemblée qu'on eût dû disperser après avoir pris les mesures d'organisation locale, s'efforçaient d'arrêter l'action à son début, je priais Lavalette de m'attendre un instant à l'entrée du faubourg, et j'allais embrasser ma femme que je craignais de ne jamais revoir, lui disant seulement de ne pas m'attendre pour dîner.

Puis je pris avec mon compagnon l'impériale de l'omnibus qui descend la rue Oberkampf. Nous savions que le sergent Courty, président de la commission, où, par principe démocratique, on n'avait pas admis d'officiers, habitait rue du Temple presque en face de la mairie du IIIe arrondissement. Nous le trouvâmes chez lui avec quelques jeunes membres de la commission. La proposition de Belleville acceptée par eux, Lavalette me quitta pour aller rejoindre son comité d'arrondissement, et, accompagné de mes nouveaux collègues, je m'installai, avec l'autorisation du maire Bonvallet, dans une des salles de la mairie. Arnold, Boursier, Alavoine furent mes collaborateurs les plus actifs des premières heures ; Courty, à ce moment du moins, n'était point un président gênant : il n'était qu'un ahuri ne présidant rien.

Notre premier soin fut d'envoyer à tous les

16.

arrondissements l'ordre de former des comités analogues à celui de Belleville et de mettre sur pied les bataillons armés.

Les environs de la mairie du Temple furent rapidement envahis par des compagnies plus embarrassantes qu'utiles. Les officiers et les délégués affluaient autour de nous. Je recevais à tout moment des envoyés de Belleville, qui me suppliaient d'être prudent : je savais que le mouvement s'opérait lentement dans Paris, mais que cependant il s'opérait, et sans m'arrêter aux hésitations du comité de Belleville, je répondais imperturbablement :

— Marchez ! Paris suivra !

Belleville obéit et entraîna le reste, tout le mouvement, dans la mairie et au dehors, étant suspendu à la volonté d'un homme révoqué par ses mandants et qui sans le savoir n'agissait plus que de son chef.

Je ne me rappelle plus à quel moment fut connue la convention du gouvernement en vertu de laquelle les Champs-Élysées devaient être livrés, le 2 mars, à un simulacre d'occupation par l'ennemi. Quoi qu'il en soit du jour et de l'heure où la nouvelle s'en répandit, nous devions parer avant tout à la possibilité d'une occupation, convenue ou non, durant la nuit qui commençait, et c'est du côté des Champs-Élysées que se porta l'attention générale.

Nous veillâmes à la garde du fort de Vincennes et de tous les points qui semblaient le plus menacés ; mais l'accumulation des bataillons se fit autour de l'Arc-de-Triomphe, et il devint urgent d'y envoyer un commandant général. Je demandai un homme énergique, un nom connu. On me cria de toutes parts :

— Brunel.

Brunel et Piazza étaient à Sainte-Pélagie depuis leur tentative de soulèvement provoquée par la capitulation à la fin de janvier. Nous leur fîmes ouvrir les portes de la prison ; mais au lieu de nous apporter leur concours, ils se cachèrent. J'en fis le reproche à Brunel, quand je le rencontrai à Londres : il s'excusa par la raison que l'expérience du 28 janvier lui avait démontré l'impossibilité de rien faire avec des bataillons sans discipline.

Après d'autres essais infructueux, le commandement général des forces concentrées à l'ouest de Paris fut offert au colonel Lavigne.

Les bataillons se plaignaient de ne pas être armés. Les cartouches ne s'adaptaient pas au fusil. La poudre refusait de brûler. On m'en porta des échantillons, et je constatai le fait. Ces détails de l'armement étaient fort compliqués et nous détournaient sans cesse des questions d'organisation et de commandement. J'en chargeai une commission composée d'officiers qui devaient être prélevés sur les bataillons stationnant autour de nous. Cette commission devait se réunir dans une salle voisine de la nôtre. Une heure s'écoula avant qu'elle fût constituée; une autre heure sans que je fusse informé de son action, et les demandes de chaque bataillon continuaient à nous accabler.

Tout pesait sur moi. Courty avait disparu. Mes collègues allaient et venaient anxieux. Ils me répétaient :

— La commission est réunie; mais rien ne se fait.

On me donna même à soupçonner autre chose.

— Que l'un de vous, leur disais-je, en prenne la présidence. Établissez des sous-commissions pour chaque objet, et dirigez-les, en m'informant des mesures prises et des difficultés rencontrées.

Ils me déclarèrent que ma présence devenait absolument nécessaire dans l'autre salle.

— Je ne puis sortir d'ici.

— Alors rien ne se fera.

Leurs bras retombaient en signe de découragement.

J'étais fort perplexe : quitter mon siège, c'était lâcher tout. Je sentais cependant qu'il le fallait.

J'avisai un nouvel envoyé du comité de Belleville : c'était un jeune sculpteur, nommé Fleury. Je lui dis à voix basse :

— Prenez ma place un instant. N'oubliez pas que tout va reposer ici sur vous. Soyez une barre de fer. Vis-à-vis de Belleville comme de Paris, n'hésitez pas, ne faiblissez pas. N'ayez qu'un mot d'ordre : *En avant !* Ne vous laissez entamer par rien. S'il survient quelque péril, appelez-moi.

Il me promit de faire ce qu'il pourrait. J'entrai brusquement dans l'autre salle.

Il n'était que temps.

Une centaine d'officiers, commandants et autres, venaient tranquillement de former entre eux un prétendu conseil de guerre auquel Courty remettait les pouvoirs du Comité central.

Le Courty agissait ainsi de concert avec Bonvallet, qui obéissait à Thiers.

Les officiers présents appartenaient presque tous à des bataillons du Centre, c'est-à-dire à la réaction.

Je n'essayerai pas de peindre la situation où me je trouvais : trois cent mille hommes mis en mouvement, mal armés, mal commandés, sans direction ; Belleville épouvanté de son audace ; pas un chef, pas une énergie ; des collègues jeunes et impuissants ; Thiers manœuvrant en dessous les maires, les comités, les commandants ; la défiance, la trahison, la défection partout, et, au sein de ce chaos, moi entrant seul dans cette assemblée de réaction devant laquelle le président du Comité annulait, par sa démission, le principe de mon pouvoir...

Je m'avançai vivement vers Courty. Il balbutia en me voyant. Il se condamna lui-même par son trouble.

— Cet homme, dis-je, est un lâche et un traître. Retirez-vous, monsieur : vous n'avez aucun droit de prononcer les paroles que je viens d'entendre.

Courty, effrayé, quitta la place. Je ne l'ai jamais revu.

Alors s'engagea entre moi et cette assemblée hostile une bataille épique qui dura cinq heures, pendant lesquelles l'ennemi eût aisément occupé Paris si tel eût été son dessein.

L'imminence du péril, la gravité des questions politiques et nationales posées à cette heure grave de notre histoire me soutinrent dans cette lutte contre des esprits bornés, circonvenus, prêts à toutes les faiblesses, mais enfin contre des hommes en qui vibraient encore les sentiments de devoir, d'honneur, de patrie.

Ils hésitaient. L'adjoint Murat vint leur prêter le concours de son dur doctrinarisme. Dans ce nouveau débat furent formulés d'étranges aveux.

— La nation n'est rien ! C'est la République qui est en cause, dit Murat.

Il me semble que cette distinction le servit mal.

Je lui demandai ce qu'il entendait par une

République sans nation, sans liberté, sans honneur.

Il se retira en protestant contre ce qu'il appelait une insurrection. Personne ne bougea et je ne cédai rien.

— Seul ici, disais-je, je représente un droit.

Je ne consentis qu'à une chose ; à la réunion *régulière d'un conseil de guerre* de toute la garde nationale, appelé à sanctionner la résolution de Belleville. Cette réunion devait avoir lieu le jour même à deux heures, dans la salle des mariages, sur des convocations imprimées par l'Imprimerie nationale et adressées par le Comité central à toutes les compagnies.

Il pouvait être cinq heures du matin quand, ce pseudo-conseil de guerre dissous, je rentrai dans la salle du Comité, envahie depuis plusieurs heures par des officiers et des délégués de tous les points de Paris, sans aucune tentative de mes collègues pour y maintenir une autorité quelconque. Je les voyais pâles, découragés, perdus dans la foule. Quelques commandants m'avaient suivi de l'autre salle et se pressaient autour de moi, émerveillés de la lutte à laquelle ils avaient assisté ; le plus ardent était un vieillard. Ils m'entraînèrent dans une embrasure de croisée et là, ils me dirent :

— Nous sommes prêts à nous faire tuer à vos côtés ; mais rien n'est possible sans un chef. Venez avec nous aux Champs-Élysées. Vous seul pouvez prendre le commandement des troupes. Une fois à leur tête, nous vous jurons que vous serez suivi *et obéi.*

— Une fois hors d'ici, répondis-je, je ne serais rien et ne pourrais rien. Ma place est ici et non ailleurs. Vous voyez que je ne puis la confier à personne. Mes collègues eux-mêmes signeraient ma déchéance. Ici je suis le droit, hors d'ici je ne serais que l'insurrection.

Autour de la table du Comité, l'on discutait les dispositions stratégiques. Un jeune capitaine, d'une voix qui sentait le commandement, exposait un plan fort rationnel. Sa figure brune aux traits anguleux indiquait la fermeté et le courage. Son œil brillait d'intelligence et de volonté... Je m'avançai vers lui et lui demandai :

— Vous sentez-vous capable de faire exécuter le plan que vous venez d'exposer ?

— Mais je ne suis rien, balbutia-t-il.

— Il importe peu ! acceptez-vous ?

— Je réussirai ou je mourrai, dit-il.

Sur l'avis unanime de mes collègues présents, je lui confiai le commandement des troupes des Champs-Élysées, en lui donnant une escorte de chefs de bataillon pour le faire reconnaître. Il s'appelait Boucharat. Il partit, plein de promesses; je n'ai jamais eu de ses nouvelles.

Les questions urgentes vidées et les mesures prises pour le Conseil de guerre de deux heures, j'organisai une permanence du Comité jusqu'à mon retour, et sur les six heures, j'allai à Ménilmontant prendre un peu de nourriture et de sommeil.

A mon retour, il n'y avait plus de Comité.

Le maire Bonvallet avait fait fermer nos salles.

Je réussis à entrer dans la salle des mariages déjà remplie d'officiers. Un commandant et deux capitaines occupaient le bureau, sur une large estrade. Quatre ou cinq membres du Comité central étaient assis dans un coin sur le plancher de l'estrade.

— Comment! c'est là que vous êtes?

— Hélas! oui, me dirent-ils piteusement.

Le maire a fait fermer nos salles. Le Conseil
de guerre réuni, nous ne sommes plus rien.

— Le Conseil de guerre réuni par vos ordres,
vous êtes tout, et vous deviez occuper le bureau.

Impossible de rien tirer d'eux. Ils parlèrent
contre la résolution de Belleville, faisant
appel à l'union. Pendant trois heures je ne
pus obtenir la parole. Tous les discours prononcés étaient réactionnaires. Paris avait
peur du mouvement : tout se résumait dans
ce mot. La condamnation de Belleville, l'adhésion au gouvernement de Thiers et de l'assemblée de Bordeaux, l'acceptation de l'occupation, de Paris et de la paix quand même
étaient dans toutes les bouches. Pas une con-
tradiction n'était admise.

S'ils avaient eu le bon sens de lever la
séance sur ces belles conclusions, l'agitation
était finie, chacun serait rentré tranquillement
chez soi, et j'aurais eu le plaisir d'aller dîner.
Mais des bourgeois de Paris réunis, cela veut
parler ; chacun tenait à dire son mot sur ce
thème commode, à être pour quelque chose
dans ce triomphe du pot-au-feu. Bonvallet,
qui n'avait qu'à laisser s'éteindre peu à peu

cette intempérance d'eau tiède, fit une sottise. Sur les cinq heures, il eut l'imprudence de faire inviter le Conseil de guerre à se retirer.

Ce monsieur avait besoin de la salle, peut-être pour y installer des quadrilles, et intimait à la Garde nationale de Paris l'ordre de vider le lieu.

Tiens! tiens! qu'est-ce qui lui prend, au papa Bonvallet? Les bourgeois de Paris se souvinrent de l'âne de ma commère,

> Qui faisait un peu le mutin
> Quand on le sanglait trop matin.

On trouva drôle la prétention de ce maire et on lui répondit :

— Si nous ne nous en allons pas, que ferez-vous ?

Nouveaux ordres : nouveaux refus d'obtempérer.

— Je voudrais bien savoir, dit un commandant avec quelque vivacité, qui a le droit de donner des ordres aux chefs de la Garde nationale assemblés.

Là-dessus, le président, affolé, aux yeux hagards, perdit contenance. Il se plaignit d'avoir la colique et sortit, sous les huées. Il sembla que cette assemblée fût honteuse des lâchetés qu'elle venait de commettre et ne fût pas fâchée de les cracher à la figure de celui qui avait dirigé la danse capitularde. Le fauteuil fut occupé par l'un des vice-présidents, le capitaine Bergeret, qui me connaissait. Il me donna aussitôt la parole.

— Citoyens, dis-je, la séance commence. Tout ce qui a été fait jusqu'ici est nul. Le Comité central vous a réunis pour sanctionner la résolution de Belleville. Cette résolution, je vais la lire, et si elle n'est pas immédiatement votée par vous, je me retire avec Belleville, qui laissera à Paris la honte et toutes les conséquences de sa défaillance.

Cinq ou six officiers se précipitent au pied de l'estrade, le sabre levé, en criant :

— Nous sommes les commandants de Belleville et nous ne vous connaissons pas.

— Alors, leur dis-je à demi-voix, en les regardant fixement, je me ferai connaître.

Les sabres rentrèrent dans le rang.

Il n'y eut pas de discussion.

— Nous voyons bien ce qui va se passer, dirent les opposants. Nous protestons et nous nous retirons.

— C'est ce que vous avez de mieux à faire, cria-t-on de toutes parts.

Un sixième ou un cinquième au plus des assistants quitta la salle. Ceux qui restèrent votèrent d'acclamation et à l'unanimité la résolution de Belleville.

Alors des discours surabondants furent prononcés : ce fut à qui prodiguerait à Belleville et au Comité central les remercîments les plus chaleureux, à qui protesterait le plus énergiquement de sa fidélité au Comité central investi de tous les pouvoirs révolutionnaires ; à qui ajouterait une couronne au triomphe du Comité, en précisant et complétant l'adhésion à son principe.

Au moment où le Conseil de guerre du 27 février achevait l'œuvre du meeting de Ménilmontant, et où le Comité central en ma personne recevait des chefs de la Garde nationale la consécration de son investiture populaire, je cherchai du regard mes collègues... *Ils avaient tous disparu.*

Je priai douze membres du Conseil de guerre de s'adjoindre à moi pour former des sous-commissions. Puis je levai la séance du Conseil, qui se retira en renouvelant ses acclamations. Je pris le siège de Bergeret, qui fut l'un des douze. On apporta des lampes. Fleury vint et siégea avec nous.

Un autre aussi siégea et fut l'un des douze, par une circonstance ridicule que je dois rapporter pour montrer quelle fut l'origine de ce Comité central dont le nom jette encore la terreur dans nos provinces. Je laisserai raconter l'aventure à son héros : il le mérite, et je ne lui chicanerai pas la célébrité du nom. Ce nom était Chouteau. Je le vois encore s'asseyant à quelques pas de moi, dans son costume de sous-officier. Je n'eus lieu d'élever aucune objection : il y avait dans le Conseil de simples délégués de compagnie.

Cette anecdote égayera un peu la tristesse de mon récit.

Un jour, à Londres, dans un café où se réunissent les étrangers, on me montra un individu à cheveux blancs quoique jeune encore [1], et l'on me dit :

____

[1] Il n'est pas le seul acteur des scènes que je raconte dont les cheveux aient blanchi avant le temps. D'autres y ont contracté la paralysie ou la folie, plusieurs une sorte d'imbécillité sénile.

— Voici un membre du Comité central.

— Comment l'appelez-vous ?

— Chouteau.

— Je me rappelle ce nom.

Nous nous approchâmes, et on le fit causer.

— N'est-ce pas, citoyen Chouteau, que vous avez été membre du gouvernement ?

— Certes, je l'ai été.

— Et comment cela est-il arrivé ?

— Je vais vous le dire. Je suis peintre de mon métier. J'habitais au boulevard Mont-Pernase, près du copain Bergeret, capitaine de notre compagnie. Sa femme ne l'avait pas vu depuis deux jours. Elle me dit d'aller le chercher. Je me mets en campagne ; je demande aux camarades du quartier où ce qu'est le bataillon. On me répond : A la mairie du Temple. Je vais à la mairie du Temple et je demande à ceux de ma compagnie où ce qu'est le capitaine. On me dit : Il est dans la mairie. J'entre dans la mairie et je demande où ce qu'est le capitaine Bergeret. On me dit : Il est dans la salle des mariages. Je monte à la salle des mariages et je renouvelle ma question. On me dit : Il est là-haut, assis à cette table. Je m'approche, je le vois, je

monte sur l'estrade ; Bergeret me fait signe
de ne rien dire ; il y avait une chaise, je m'as-
sieds,... et il se trouve que nous étions le gouvernement.

Quand le rire provoqué par cette narration
fantastique et cependant exacte se fut calmé,
je demandai à Chouteau :

— Et savez-vous comment s'était établi ce
gouvernement ?

— Ma foi, personne n'a pu me le dire, et
je vous avouerai que je ne me suis pas beaucoup occupé de le savoir.

Le plus curieux est que Chouteau, à ce que
l'on m'assura, avait écrit et publié une histoire du mouvement.

— Ce gouvernement, lui demandai-je encore,
avait-il un président ?

Il se redressa.

— Je crois bien qu'il avait un président,
et un vrai, pour sûr ! En voilà un homme !
On ne l'avait jamais vu avant, on ne l'a jamais revu après. Tombé là comme *une aréo-
lithe*, quoi ! Pas fait de chair et d'os, fumant
sa cigarette comme dans un salon, tranquille
comme chez lui, tandis que tout Paris était
sens dessus dessous ; donnant des ordres et

menant tout ça comme je mène mon pinceau sur une plinthe ; il semblait n'avoir pas fait autre chose toute sa vie. Et si froid que ça vous en donnait la chair de poule et qu'on osait à peine lui parler.

Ainsi portraicturé par cet inconscient, je lui dis :

— Trouvez-vous que je ressemble à celui dont vous parlez ?

Il me regarda avec dédain :

— Allons donc ! Un bien autre homme que cela !

C'était vrai ; et Chouteau ne voyait plus de la même lorgnette.

Ce brave garçon est resté l'un des piliers du Comité central jusqu'aux derniers jours de la Commune.

En dehors du nimbe dont nous enveloppaient nos lampes, l'ombre s'épaississait dans la grande salle. Nous entendions des bruits d'armes dans les couloirs.

Une commission de vigilance de trois membres, l'un desquels s'appelait Du Bisson, eut pour mission de maintenir nos communications avec le dehors et particulièrement avec Belleville, afin d'assurer l'exécution de mes ordres. Ils partirent : je ne les ai pas revus.

Une dizaine d'estafettes portèrent successivement mes instructions sur divers points de Paris. Une fois sorties, je ne les revis pas.

Le même nombre au plus de gardes nationaux se tenaient à ma disposition, au pied de l'estrade. J'avais divisé le travail des commissions. Personne ne disait mot. La salle s'emplissait de soldats. On entendait partout le cliquetis des armes. Trois autres membres de la commission furent envoyés un à un pour obtenir des renseignements : je ne les revis pas. Nous étions réduits à six membres de la commission, dont Chouteau et Bergeret ; en plus, Fleury et moi. Je dictais la constitution nouvelle de la garde nationale, les bases du nouveau droit public, les déclarations à faire au peuple.

La salle était de plus en plus envahie. Nous apercevions à quelques pas les sabres et les baïonnettes. Je fis rechercher le maire Bonvallet : il n'était pas à la mairie. On alla chez lui : absent.

Je fis demander si un adjoint se trouvait à la mairie.

— Oui, l'adjoint Murat. Il est là dans le corridor.

Je descendis de l'estrade, je traversai les rangs pressés des gardes qui emplissaient la salle. Murat se promenait, en effet, dans le corridor, avec quelques officiers.

— Citoyen Murat, lui dis-je, suis-je votre prisonnier ?

— Vous l'êtes. Nous ne pouvons permettre plus longtemps que la mairie du IIIe arrondissement soit le siège de l'insurrection.

— Je suis ici avec l'autorisation du maire.

— C'est au nom du maire que j'agis, et par son ordre.

— Soit ! répondis-je.

Et me tournant vers les officiers :

— Messieurs, j'ai le regret de constater que vous prêtez vos mains françaises à un guet-apens.

Le mot les piqua au vif.

Ils déclarèrent à l'adjoint qu'ils ne le suivraient pas jusque-là ; qu'ayant occupé la mairie avec l'autorisation du maire, j'avais le droit d'en sortir libre, et que mon arrestation dans ces conditions serait une infamie à laquelle ils ne pouvaient donner les mains.

Murat, malgré ses rancunes de la nuit, dut s'incliner devant leur résistance. Je fus autorisé à me retirer, pourvu que je le fisse sans violence.

Sans violence était joli. Nous étions huit contre vingt mille.

— Je ne me retirerais pas, répondis-je, si je pouvais communiquer avec le peuple. Car seul ici je suis le droit. Mais mon devoir est de me rapprocher de mes délégants : je cède à la force.

Je sortis avec les honneurs de la guerre, emportant mes papiers, suivi des sept. Les bataillons amassés devant la mairie s'écartèrent. Je passai la tête haute.

Dès que nous fûmes à quelque distance de la mairie, je vis qu'on formait une escouade qui se détachait pour venir vers nous.

Mon sauf-conduit moral ne dépassait pas l'enceinte de la maison municipale, et j'allais évidemment être arrêté à cent pas de là.

Je dis à mes compagnons :

— Suivez-moi sans tourner la tête.

Et au lieu de me diriger vers la rue du Temple, je pris brusquement à droite vers les ruelles, d'un pas ferme, mais non précipité.

Les autres tournaient la tête malgré eux :

— Ils approchent ! ils approchent ! sauvons-nous !

— Ne bronchez pas, leur dis-je, et ne craignez rien. Surtout qu'on ne vous voie pas regarder derrière vous.

L'escouade, composée d'une vingtaine d'hommes, modelait son pas sur le nôtre, aimant mieux nous acculer dans une ruelle que de nous saisir sur la place, où l'on pouvait avoir des spectateurs.

Dans la ruelle où nous nous engageâmes, ils se rapprochèrent : ils n'étaient plus qu'à quinze pas, à dix pas. Je marchais avec le même calme, ayant peine à retenir mes gens, qui se sentaient pris.

Arrivé au premier tournant, je me jetai à droite :

— Maintenant, courons !

Nous courûmes en zigzag. Je connaissais mon vieux Paris. Nous arrivâmes sains et saufs à Belleville. J'avais perdu en route un de mes compagnons : nous restions six.

Nous trouvâmes le comité d'arrondissement au grand complet, — environ soixante-dix

personnes, — caché dans une longue salle de
marchand de vin, à l'entrée de la rue de Belleville.

Il ne fut pas aisé de le découvrir. Tout le
monde connaissait sa retraite et la taisait.
Mais je fus reconnu et l'on me conduisit.

La scène fut grave et solennelle.

Parvenu au milieu de l'enceinte, je parlai
ainsi :

— Aujourd'hui le Conseil de guerre de la
garde nationale, réuni à la mairie du IIIe arrondissement, a adhéré par acclamation à la
résolution de Belleville et au principe du
Comité central, qui a été invité à remplir les
fonctions d'un comité de salut public et a
reçu le serment d'obéissance de tous les officiers présents. Abandonné par mes collègues
an moment de ce vote et arrêté dans la mairie sur l'ordre du maire Bonvallet, j'ai réussi
néanmoins à gagner Belleville, et je viens lui
dire ceci :

Au nom du Comité central que je représente seul ici, et afin qu'aucun de ses membres
qui ont fait aujourd'hui défection ne puisse
désormais exciper du droit consacré par le
Conseil de guerre, je dépose devant vous la

démission du Comité central. De ce moment, le comité central provisoire créé par le vote du meeting du 26 février n'existe plus.

Son principe subsiste. Sur la base de ce principe, je vous invite à reconstituer immédiatement le comité à titre également provisoire, sous l'obligation de procéder dans les trois jours à une constitution régulière par délégation à deux degrés des compagnies.

Je vous propose d'admettre avec moi dans ce nouveau comité provisoire les six membres du Conseil de guerre qui m'ont été adjoints par le conseil pour former des commissions et qui m'ont accompagné jusqu'ici : leur témoignage sur la délibération du conseil est nécessaire.

Je vous demande de nous adjoindre cinq membres de votre propre comité, afin de porter à douze le nombre des membres du Comité central provisoire.

Bergeret prononça quelques mots en confirmation de mes assertions.

Lavalette prit la parole.

— Je constate une fois de plus, dit-il avec emphase, que dans les circonstances graves c'est à Belleville que Paris vient demander de prendre l'initiative.

Lavalette nous fut adjoint avec quatre autres membres du comité d'arrondissement, et le Comité provisoire ainsi reconstitué s'installa dans un local de deux pièces, bas et humide, situé rue Ramponneau. La première pièce, une sorte de boutique, donnait directement sur la rue. Deux portes ouvraient sur le corridor. Quelques chaises, une table, un bougeoir composèrent l'ameublement. La table fut placée dans la seconde pièce.

C'est du fond de cette échoppe, gardée par vingt-cinq hommes couchés dans le corridor, que quelques inconnus, armés d'une idée, tinrent pendant quelques jours dans leurs mains la destinée de la France. S'il leur eût pris la fantaisie de décréter la guerre civile, l'arrestation de Thiers et de Vinoy, le pillage de la Banque de France et la destruction des livres et des titres de l'oligarchie capitaliste, le peuple ne demandant qu'à aller de l'avant, les plus grands malheurs pouvaient s'ensuivre.

Peut-être de grandes actions et de grandes vertus.

VIII

LE COMITÉ CENTRAL

Je ne me faisais point illusion sur l'insuffi-
sance de mon stoïcisme dans une conjoncture
où il eût fallu le débordement de la passion.
Ceux qui, en lisant ces pages, me taxeront d'or-
gueil et d'impatience à me produire sans avoir
mesuré mes forces, seront à l'inverse du vrai.
Je n'ai pris l'initiative de l'action qu'en contrai-
gnant ma nature et toujours prêt à me retirer
devant une volonté plus mâle. Où étaient les
hommes de commandement? Je les ai en
vain appelés et attendus.

Je m'en expliquai franchement avec mes
collègues dès les premiers mots.

— Je ne suis pas, leur dis-je, ce que vous
croyez. Un bizarre concours de circonstances
m'a seul mis un instant à la tête du peuple. Il
vous faut un homme d'action, un tribun, un

soldat, un chef connu de tous : cherchez-le. Ne m'imposez pas un rôle qui n'est pas le mien.

A cette sage invitation, Bergeret et Lavalette répondirent :

— Nous sommes ici pour vous et par vous. Si vous n'acceptez pas la présidence du Comité, nous nous retirons.

Et les autres membres du Comité opinèrent dans le même sens.

— Soit, leur dis-je. Puisque vous le voulez, j'accepte. Mais vous voyez la gravité de la situation, le désordre de toutes choses, l'alea terrible d'une partie dont le sort de la nation est l'enjeu... Qu'il soit entendu que la présidence du Comité est, aux heures de péril, une dictature. Nous délibérerons quand nous en aurons le loisir; mais dans l'action mes ordres ne doivent pas être discutés, et vous jurez de m'obéir comme les derniers des soldats. Le principe d'autorité est la base de tout ordre. Nous allons nous répartir les fonctions; chacun de vous, dans l'exercice de la sienne, doit agir en maître. La Démocratie ne peut vaincre que par la sévérité dans le choix et le contrôle de ses mandataires, par la discipline dans l'exécution de leurs ordres.

Tout fut consenti, tout fut juré.

Dans le nombre de ceux à qui je parlais ainsi se trouvaient des membres d'associations occultes qui allèrent aussitôt reporter où ils devaient ces déclarations imprudentes. Une accusation sourde se répandit et sema partout la défiance autour de moi. Toutes les sympathies et les admirations furent glacées par cette évocation effrayante : LA DICTATURE !

Ceux dont le dévouement eût dû me seconder ne songèrent qu'à tenir des conciliabules secrets pour me perdre aux yeux du peuple, plus inquiets de mon énergie que défiants de ma faiblesse, et plus effrayés d'avance de mon succès possible que de notre défaite. Impuissants à rien organiser par eux-mêmes, ils laissèrent retomber sur moi le poids de tous les détails, et au lieu de me créer par leurs concours intelligent la liberté d'esprit nécessaire pour la direction générale, je les voyais conférer, disparaître, se concerter, passer et repasser devant moi comme des ombres en m'observant, et se plaindre de ce que je faisais tout sans les consulter. C'était si étrange, un esprit actif, ouvert, prêt pour tout événe-

ment, se résolvant sans hésiter, suivant sa pensée, décidant sans phrases et causant de choses
légères sans trahir les desseins graves qui
l'occupaient !

Le récit des incidents qui se sont produits
sous mes yeux durant les deux jours et les
trois nuits que j'ai passés presque immobile sur
ma chaise de paille, devant les toiles d'arai-
gnée et les murs sales de ce repaire, forme-
rait un curieux recueil des lâchetés humaines.
Il ne m'en reste qu'un souvenir confus de ce
chaos, sur lequel se détachent avec clarté les
grandes lignes d'une action simple.

Maintenant que ces jours sont loin de moi,
que je suis hors de l'action et presque déjà
hors de la vie, que j'ai payé par dix-sept
années d'expiation le rêve de quelques heures,
je puis dire quel était ce rêve :

La Bourgeoisie, formée par les écoles doctrinaires, avait conduit la nation à la ruine :
la Démocratie, sauvant la nation, conquérait
ses grades d'un seul coup et régnait.

Une constitution nouvelle, fondée sur la
souveraineté inaliénable du citoyen, émer-
geait de l'organisation autonome de la Démocratie armée.

Le régime d'une oligarchie sans contrôle et sans responsabilité personnelle était remplacé par un système de délégation temporaire du pouvoir et de toutes les fonctions publiques à des individus responsables et contrôlés.

La nécessité de l'action commune sous une volonté éclairée produisait spontanément le nouvel ordre. La défaite des vieilles classes gouvernantes, du vieux fétichisme pédagogique, du militarisme officiel, permettait à la Démocratie de broyer sous son talon l'hydre féodale des Guillaume et des Bismarck, en proclamant le droit des peuples. La guerre, au lieu d'être la honte et l'écrasement, devenait le salut : elle achevait la Révolution française, ou plutôt la Révolution européenne.

Les trois cent mille hommes de l'armée de Paris, entraînés et soutenus par la grandeur de cette cause, animés du souffle révolutionnaire des ancêtres, conduits par l'idée de justice, suffisaient amplement pour culbuter les misérables esclaves du despotisme par lesquels Paris était investi et pour soulever au cri de liberté toutes nos provinces contre les hordes lasses et effarées des hommes du Nord.

Une proclamation claire, affichée par toute

la France et répandue dans toute l'Europe, eût déclaré que la République ne faisait la guerre à aucun peuple et n'envahirait aucun territoire, mais qu'elle traiterait comme bêtes fauves tous les envahisseurs de notre sol ; que le peuple français n'aurait ni paix ni trêve tant que la libération du sol national ne serait pas achevée ; que toutes les existences et toutes les fortunes devaient être sacrifiées à ce but commun ; qu'il n'y avait plus d'intérêts, ni de familles, ni de principes, ni de bonheur, là où il n'y avait plus de patrie ; que la lâcheté n'était un asile pour personne, et que l'heure était venue pour la nation de reprendre l'accomplissement de sa mission historique et d'ouvrir l'ère de la justice.

Tel était le but sommaire. Pour l'atteindre, il fallait forger l'arme nationale et en tremper l'acier dans l'héroïsme. Il fallait rallier les bataillons un à un, les mobiliser, les armer, les nourrir, leur donner des chefs, et ceux-ci une fois choisis, les exciter par l'enthousiasme courant comme une flamme dans tous les rangs.

J'avais tracé dans ma vision intérieure deux lignes concentriques, l'une suivant le dessin

général des fortifications, l'autre située en
deçà de la première. J'y dirigeais par des
voies divergentes, souvent fort détournées,
les bataillons que j'extrayais de leurs quar-
tiers, pour les installer dans les espaces libres,
où l'on eût pu établir des campements provi-
soires. Ne jugeant pas les canons en sûreté
à la place des Vosges, où ils avaient été d'abord
parqués, je les fis transporter à Montmartre,
en attendant que l'armée réorganisée pût en
faire usage. Je m'occupais de l'approvision-
nement et des munitions, surtout du commandement, qui était partout en des mains ou
faibles ou de connivence avec Thiers. J'ai
destitué dans une nuit trente commandants
hostiles à l'action; je les remplaçais par les
capitaines ou les lieutenants qui avaient la
confiance des soldats.

Cette réorganisation est restée à l'état em-
bryonnaire. Pour l'accomplir il me fallait des
hommes; je m'efforçais d'en susciter. Je demandais à tous les bataillons l'état de leurs
forces et de leurs besoins, et par leurs délégués je m'informais des dispositions et de
la capacité de leurs chefs; je faisais venir les
officiers jeunes et hardis.

A tout instant des groupes furieux se pré-cipitaient, le sabre menaçant, le revolver au poing, accusant le Comité central des trahisons de leurs chefs. Mes gardes leur présentaient la baïonnette; mais je criais : *Faites entrer !* et leur fureur tombait devant mon regard. Ils partaient avec l'enthousiasme dans le cœur, et allaient le semer dans le bataillon. Miné en dessous par Thiers, par les maires, par les comités, par presque tous les anciens chefs, par les sociétés secrètes, par mes collègues eux-mêmes toujours absents, j'étais soutenu par une communication intime entre mes sen-timents et ceux du peuple.

Dans l'après-midi du 28, quelques-uns de ceux qui m'avaient abandonné la veille à la mairie du Temple, vinrent demander à ren-trer en grâce, après entente préalable avec mes nouveaux collègues. Je vis la trahison; mais sentant qu'une division du Comité aurait détruit son principe, je fis appel à leur hon-neur. Ils acceptèrent tout, jurèrent tout, et se hâtèrent de profiter de leur réintégration pour aller avec les autres exciter les comités contre moi, m'accusant d'être un agent de Thiers.

Une circonstance bizarre vint substantialiser

cette opinion. J'avais demandé un homme sûr, connu. Je le chargeai de rechercher le colonel Boucharat et de lui remettre un pli cacheté. Cet homme vint, après quelques heures, me raconter en pleurant qu'on l'avait mal dirigé, et qu'introduit auprès du général Vinoy, c'était à celui-ci qu'il avait remis ma lettre. Je répétai le fait à Bergeret, qui se hâta de le rapporter aux autres. On eut ainsi la preuve de ma grande trahison.

Le 1er mars, à cinq heures du matin, toutes mes dispositions générales étant prises, je dis à Bergeret :

— C'est la nuit prochaine qu'il va falloir frapper le grand coup. Je suis épuisé de faim et de fatigue. Je crains la migraine, à laquelle je suis sujet et qui produit un anéantissement momentané de mes facultés. Je vais rentrer chez moi ; occupez ma place, et quoi qu'il advienne, laissez-moi cinq heures de sommeil. Je serai ici à midi. Que sous aucun prétexte on ne me dérange auparavant.

Après avoir pris quelque nourriture, je me jetai sur mon matelas de varech, où je sommeillais à peine depuis deux heures, lorsqu'un planton me fut envoyé par le Comité. Ma femme refusait de l'introduire; mais sur son insistance énergique : *Ordre du Comité central, danger pressant,...* elle m'apporta un billet signé par sept ou huit membres du Comité, me disant que si je ne revenais pas immédiatement, tout était perdu.

Une réaction violente s'était produite, une sorte de révolte contre le Comité, un reflux de Paris sur Belleville. Le boulevard était encombré de bataillons surexcités. Le passage était dangereux, difficile ; aux abords de la rue Ramponneau, presque impossible. Cette rue étroite était pleine de gens galonnés se démenant et criant. Je n'avançais qu'avec beaucoup de peine, lorsque je fus aperçu par les gens du Comité placés en vedette. Grâce à un *Laissez passer le citoyen Larocque, président du Comité central,* signé Bergeret et portant le cachet du Comité, je pus m'ouvrir une voie et pénétrer dans la première salle. Là on me dit :

— Vous voyez où nous en sommes. Paris entier est contre nous.

J'entre dans la seconde salle, pleine comme la première d'officiers hurlants. Je monte sur la table et je dis d'une voix forte :

— Le Comité central veut délibérer. Retirez-vous !

Un cri retentit de toutes parts :

— Nous sommes tous délégués ; la garde nationale, c'est nous ; nous avons tous le droit de délibérer.

Je prononçai alors ces simples mots, que ma mémoire a fidèlement conservés, mais qu'aujourd'hui, loin de la pression des événements, j'ai moi-même peine à croire exacts :

— Je suis ici à Belleville, j'y suis le maître, et ceux qui ne seront pas sortis dans cinq minutes seront fusillés.

Les deux salles se vidèrent. La porte extérieure fut gardée par des rangées de baïonnettes, et sous les vociférations qui retentissaient au dehors, le Comité central délibéra.

Nous étions douze. Bergeret et Lavalette, très émus, me supplièrent successivement de retirer la résolution de Belleville et d'accepter la convention du gouvernement, c'est-à-dire de ne pas recommencer la guerre.

— Nous vous avons, me dirent-ils, fidèlement suivis jusqu'ici. Nous sommes pleins d'admiration pour votre courage, et nous voudrions pouvoir aller plus loin avec vous.

Mais les nouvelles que nous avons reçues depuis votre départ ne laissent aucune illusion possible. Les maires, les comités d'arrondissement, les commandants, tout Paris est contre nous. L'épouvante règne dans Belleville. Si le Comité central ne cède pas, son pouvoir cesse.

La majorité de nos collègues pensait comme eux. Jugeant qu'il n'y avait plus rien à espérer, je fis ce que je n'aurais pas fait si j'avais pu agir, je prononçai un discours, en débutant par ces mots :

— Je comprends votre hésitation, car les perspectives que je vous propose n'ont rien d'attrayant. Si vous faites ce que j'attendais de vous, non seulement il est probable qu'aucun de nous ne sera vivant dans quinze jours, mais nos noms dans l'histoire risquent d'être éternellement marqués d'infamie. Ce que je vous demande est simplement de l'héroïsme. Nous sommes placés à un de ces moments de la vie d'une nation où l'héroïsme seul peut laver les longues défaillances qui ont altéré son génie. C'est une destinée qui pourrait contenter les âmes les plus fières, de se trouver situées à l'un de ces angles de la fortune ou

18.

d'une résolution généreuse peut dépendre l'avenir d'un monde.

Je peignis l'état de l'Europe telle que nous l'avions faite par notre folle générosité envers l'Italie, par notre lâche abstention à Sadowa et par les conséquences fatales de ces deux fautes : Metz, Sédan et la capitulation de Paris ; les deux agglomérations germanique et italienne désormais liguées contre nous, et grandissant chaque jour tandis que nous nous affaiblissions chaque jour ; l'œuvre séculaire de la Monarchie et de la Révolution et la bonne situation que nous avaient laissée les traités de 1815, irrémédiablement perdues par l'effet de nos discordes ; l'Europe rejetée sous le talon du despotisme militaire, la cause de la démocratie et de la liberté trahies, la philosophie de la Révolution convaincue d'inanité et d'impuissance, les générations nouvelles sans idéal se traînant péniblement sous le fouet du besoin dans la promiscuité des bas intérêts... Pour arrêter cette chute effroyable, quel obstacle ? Un seul, quelques grains de poussière humaine : nous !

Nous ! si nous osions et si nous voulions !

Ce péril extrême, cette terreur qui nous

entoure, un million d'ennemis sur notre sol, le chaos où la France est plongée, l'expiation des mensonges des doctrinaires et de l'acceptation du crime de Décembre, l'affolement universel : là est notre force. Voulons ! puisqu'il n'y a plus de nation. Dressons-nous ! puisque la terre tremble. Vous seuls êtes la force ! vous seuls êtes le droit ! Il n'y a plus en France un gouvernement légal possible hors de vous ! Vous n'êtes pas des individus, vous êtes un principe ! Osez affirmer ce principe, et vous vaincrez !

Vous êtes le centre de la civilisation de l'Occident. Osez ! et tout s'ordonnera et se redressera autour de vous. Mais si, inférieurs à votre mission, vous reculez, n'espérez point conserver par de honteuses concessions un pouvoir désormais sans base. Vous serez débordés par le tourbillon populaire. Vous préparerez le triomphe des réactions sanglantes et imbéciles. La démocratie sera noyée dans le sang du peuple. Toute espérance sera détruite, toute foi ruinée. Le pouvoir deviendra une marchandise, et l'abaissement de cette nation infidèle à son mandat la conduira par une pente fatale à son anéantissement. La résolution que vous allez prendre décidera de sa déchéance ou de son relèvement ! Prononcez !

Cette analyse ne peut donner qu'un faible écho de cet appel suprême. Quelques-uns de ceux à qui je l'adressais partagèrent mon émotion. Je vis des larmes dans leurs regards.

Bergeret seul me répondit.

— Nous voudrions, dit-il, pouvoir sentir comme vous. Nous n'en avons pas la force.

Les clameurs de la foule devenaient plus furieuses. Nos gardes déclaraient qu'ils ne pouvaient plus la contenir.

Je mis aux voix la résolution de Belleville : la paix ou la guerre.

Huit levèrent la main pour la paix. Trois seulement avec moi votèrent la guerre.

Je tenais ainsi, pour ma part, jusqu'à la fin le serment du Corps législatif, que j'avais relevé dans le *Parlement* au nom de la Presse :

— *Nous jurons que Strasbourg ne cessera pas d'être terre française.*

Fleury fut un des trois qui, avec moi, voulurent tenir le serment patriotique. Je regrette de ne pas me rappeler le nom des deux autres.

Il se leva et dit :

— Citoyen président, j'avais accepté pour mandat d'exécuter la résolution de Belleville. Du moment que cette résolution est abandonnée par le Comité, je n'ai plus rien à faire ici, et je vous donne ma démission.

— Je ne l'accepte pas, répondis-je. Si quelqu'un ici devait donner sa démission, c'est moi, et je ne la donne pas. Une démission, à l'heure où nous sommes, serait une désertion. Vous resterez à votre poste comme je reste au mien. La décision du Comité, devant laquelle je m'incline, nous crée de nouveaux devoirs.

Notre situation respective, dis-je au Comité, est totalement changée. L'exécution du programme d'action exigeait que la présidence du Comité fût une dictature. Je renonce dès à présent à ce pouvoir dont vous m'aviez investi; je ne suis plus désormais que le directeur de vos délibérations et l'exécuteur de vos ordres. La responsabilité ne m'appartient plus : elle devient vôtre.

Mes collaborateurs de la première heure, qui jusque-là étaient restés muets et hostiles, s'empressèrent alors autour de moi et me pressèrent la main, déclarant avec joie qu'ils me préféraient ainsi et m'assurant de leur concours dévoué. Où pouvait maintenant mener ce concours,... même sincère?

Quelques-uns s'étaient hâtés d'aller porter au dehors le résultat de notre délibération. Le vote du Comité fut accueilli avec joie, et messieurs les commandants allèrent déjeuner avec la douce perspective de l'occupation de Paris le lendemain par les soudards teutons!

Je laissai mes collègues rédiger à leur guise la proclamation par laquelle le Comité central adhérait à la convention du gouvernement. Ils la signèrent d'un tas de noms que je ne connaissais pas, et parmi lesquels le mien, écorché, se perdit à son rang alphabétique. Je leur sus gré de cette malice, que je feignis de ne pas apercevoir : il m'eût été cruel de contresigner ma défaite en qualité de président du Comité.

La proclamation affichée dans l'après-midi sur les murs de la ville, au grand soulagement de tout Paris, il me restait une double tâche à accomplir et pour laquelle je fus toute la soirée et toute la nuit presque seul, tâche douloureuse et grave encore.

Ce n'était pas tout que de livrer aux Allemands l'entrée de Paris; il fallait, par une attitude imposante, faire respecter les clauses de la convention, qui limitaient l'occupation à quelques points et à quelques heures; il fallait conserver nos canons; il fallait veiller aux insultes possibles et être prêts à les réprimer; il fallait être en garde contre les incidents qui pouvaient se produire; il fallait surtout empêcher des attaques inconsidérées qui auraient fourni à l'ennemi l'occasion de violer les clauses limitatives et de profiter de son entrée dans Paris pour y rester.

Je m'étonne que les historiens du 18 Mars ne se soient pas demandé comment, sans que le gouvernement eût pris à cet égard aucune mesure, il s'était fait que la garde nationale en armes eût assisté au simulacre d'occupation et qu'aucun désordre ne se fût produit. Le rôle du Comité central dans cette circonstance eût dû attirer leur attention, et les pouvoirs publics eussent dû en savoir quelque gré à ceux qui en eurent surtout la peine et le mérite. On se tromperait fort si l'on supposait qu'un résultat qui a frappé le monde d'étonnement se soit produit de soi-même, et quoique ce résultat n'ait été qu'un faible minimum de ce que j'aurais voulu, j'en revendique hautement pour le Comité central une grande part.

Beaucoup de commandants, sans oser ouvertement se dérober aux ordres du Comité, les éludaient, et je dus en révoquer plusieurs, durant la nuit du 1er au 2 mars. Parmi un grand nombre de faits j'en citerai deux.

Le commandant d'un des plus forts bataillons du XIe arrondissement, à qui j'avais donné des ordres précis de mouvement, tint ses hommes debout, immobiles, dans une cour de son arrondissement, « par ordre, disait-il, du Comité central, » de onze heures du soir à quatre heures du matin. Des délégués du bataillon, au nombre de huit ou dix, vinrent au siège du Comité dans un état d'exaspération fort naturel. J'étais seul et non gardé. Ils entrèrent menaçants, l'injure à la bouche. Je les calmai d'un mot, et donnai de nouveaux ordres, dont je confiai l'exécution à un autre chef.

Un commandant de la Villette fit des merveilles de dix heures du soir à six heures du matin. Il m'envoya dix estafettes avec la nouvelle des découvertes de dépôts de poudre, de cartouches, de fusils qu'il faisait aux fortifications, et que les postes de l'armée permanente s'empressaient de mettre à notre disposition. Je le remerciais de son zèle, en lui donnant des ordres de marche. A sept heures du matin, il m'annonça par un dernier message que, ses hommes et lui étant fatigués, ils allaient se coucher.

Ce que je viens de dire des postes réguliers était général. Partout ils ne demandaient qu'à rendre leurs armes à la garde nationale, sans avoir été, à ce que je puis savoir, l'objet d'aucune vexation ni d'aucune menace.

Des délégués de bataillons de mobiles étaient venus, je ne me rappelle pas à quelle heure, se disant envoyés par un *comité central de la garde mobile,* m'offrir de joindre à la présidence du Comité de la garde nationale celle de ce nouveau comité. Sans savoir ce qu'il y avait de sérieux dans leur proposition ni de qui elle émanait réellement, je répondis que le Comité central de la garde nationale verrait avec plaisir la formation d'un comité de la garde mobile qui joindrait son action à la sienne, et que je conférerais volontiers avec le bureau de ce comité, mais que le principe d'organisation du comité parisien lui interdisait toute fusion avec des éléments provinciaux. J'ajoutai que la création dont on me parlait pourrait avoir une grande importance ultérieure, si elle avait pour base la distinction de ces éléments provinciaux, dont chacun deviendrait, pour les régions respectives, le noyau d'une organisation fédérative analogue à celle de Paris. Je ne sais ce qu'il est advenu de ce mouvement. Je crois que la démarche faite auprès de moi au nom de la garde mobile remonte à la journée du 28 et fut par conséquent antérieure à l'acceptation de la convention du gouvernement par le Comité central ; mes souvenirs sur ce détail me disent, en effet, qu'il s'agissait bien d'une adhésion de la garde mobile au programme d'action et à la reprise de la guerre ; cependant je n'oserais pas affirmer ce point, que des personnes encore existantes pourront sans doute éclaircir.

Cette nuit que je passai presque seul, ignorant où et avec qui mes collègues conspiraient, fut pour moi d'autant plus cruelle que mon rôle n'était plus d'exciter et d'enflammer les esprits, mais au contraire de les régler et de les retenir. Je n'avais plus affaire à des enthousiasmes, mais à des colères. Le Comité central était l'objet de mille accusations injurieuses qui se donnaient violemment cours jusqu'à moi.

J'avais invité le capitaine du poste placé dans le corridor à tenir au moins deux hommes en sentinelle à ma porte. Il me dit :

— Ne nous demandez pas cela. J'ai vingt-cinq hommes ; ils n'ont ni bu ni mangé depuis près de deux jours. Ils sont exténués. A votre premier appel nous nous ferons tuer pour vous défendre ; mais il nous est impossible de nous tenir debout.

— Ne pouvez-vous, lui dis-je, les changer?

— Cela, me répondit-il, est difficile. Le poste est périlleux. Il faudrait des hommes dévoués comme les miens. Il n'y a plus personne dans l'arrondissement.

J'avais réclamé le secours des arrondissements voisins et je ne voyais rien venir.

Je n'avais d'autre défense contre les assaillants qui se succédaient sans relâche devant moi qu'une froideur glaciale, n'ayant pas même sous la main un revolver à opposer à ceux que quelques exaltés agitaient.

Plusieurs bataillons refusaient d'adhérer à la

Convention qui déshonorait Paris, et taxaient la décision prise la veille par le Comité central de lâcheté ou de trahison. Et comme ils ignoraient que j'avais dû céder à l'avis de la majorité de mes collègues, c'est moi principalement qu'ils accusaient de cette défection et de l'abandon de la résolution de Belleville.

Ainsi, après avoir pendant un jour et deux nuits provoqué en vain les généreuses initiatives et fait appel aux hommes de cœur et de volonté, j'étais entouré à tout moment de héros de parade impatients de tout pourfendre, qui me reprochaient mes concessions et m'enjoignaient de revenir au programme d'action, ne demandant qu'un ordre signé pour renverser tous les obstacles.

Or, autant j'avais désiré la reprise des hostilités par une action combinée de toutes nos forces, autant j'estimais folle et dangereuse l'intention que certains bataillons m'annonçaient de s'engager dans une action partielle.

Il me fallut non seulement résister aux offres de dévouement qui m'étaient faites, si tentantes qu'elles eussent pu être au cas où j'aurais conservé des illusions ; mais encore empêcher qu'aucune attaque partielle ne donnât à l'ennemi un motif de rompre la Convention. Et pour cela, devant des groupes surexcités, je dus dépenser plus de paroles ardentes que ne m'en avait coûté le mouvement d'action et recourir presque à des larmes.

Un adjoint de l'arrondissement, dont j'ai le regret de ne pouvoir me rappeler le nom, — je me souviens seulement que c'est lui qui présidait le comité à la mairie dans la nuit du 31 octobre, — vint dans la matinée et usa aussi de son influence pour empêcher des actions partielles et limiter le rôle de la garde nationale armée à une attitude digne et attentive.

De temps en temps des bruits sourds dans la rue pierreuse m'annonçaient le passage d'une pièce de canon.

Plusieurs de mes collègues arrivèrent au petit jour, presque ensemble. A peine étaient-ils entrés que des gardes vinrent effarés annoncer que des compagnies envoyées par Vinoy étaient en marche, qu'elles approchaient du pied de la butte, et que nous allions être enlevés.

Je vis les visages pâlir et les regards se tourner vers la porte...

Je dis en souriant, d'une voix claire :

— Félicitons-nous, citoyens ! Nous n'aurons jamais une plus belle occasion d'être fusillés.

Ils restèrent ; le danger, réel ou non, s'éloigna.

Du moment où j'avais dû souscrire à l'occupation de Paris, ma démission était virtuellement prête pour l'heure où se terminerait la démonstration des Champs-Élysées.

Mes collègues s'occupèrent du rôle ultérieur du Comité, qui, sa fonction nationale remplie, allait devenir une machine politique. Ils ne s'étaient, d'ailleurs, guère occupés d'autre chose.

Bergeret, que hantait sans doute le rêve des hauts galons dont le Palais Bourbon admira depuis l'éclat, avait jeté son dévolu sur ce bâtiment que Victor Hugo appelait une masure. Il voulait nous y installer. Les vues des autres étaient plus modestes. Un logement caché, voisin du centre, convenait mieux aux menées qu'ils préparaient.

Je leur dis que notre premier devoir, après celui que nous venions d'accomplir, était de provoquer les élections d'un vrai comité central par les délégations régulières des compagnies et la formation de nouveaux comités d'arrondissement. Jusqu'ici, les comités de tout ordre s'étaient constitués au hasard. S'il y avait eu délégation, les compagnies avaient choisi de jeunes empressés bons pour faire les courses, mais nullement aptes à devenir les représentants sérieux de la Démocratie organisée. Il nous incombait de faire comprendre aux compagnies le devoir qu'elles assumaient en conservant leurs armes et en créant une organisation proposée à l'imitation de la France entière, et qui, sans bouleversement et sans lutte, se substituerait à l'assemblée et au gouvernement de la capitulation, dont nous n'acceptions ni l'origine ni le mandat. Il importait que les compagnies désignassent pour une mission temporaire mais qui n'impliquait rien moins que la reconstitution du pays, des hommes de caractère et de raison, étrangers aux passions des partis. Du choix de ces hommes dépendrait l'avenir.

Je savais que chacune de mes paroles était pour les honnêtes gens que le hasard avait ramassés autour de moi une sanglante ironie ; qu'ils voyaient dans leur titre fortuit de membres du Comité central une bonne aubaine et se garderaient bien de la risquer en ordonnant des élections régulières ; que, du reste, la plupart d'entre eux étaient probablement tenus en dessous par des ficelles que je n'apercevais pas. Aussi ne leur tendais-je un programme situé bien au-dessus de leur rayon visuel, que pour motiver ma retraite.

Arnold, le chef de la coalition, où Bergeret et Lavalette s'effaçaient, honteux de leur rôle, avait déjà trouvé dans le Xe arrondissement le boudoir capitonné désiré. Il le proposa. J'acceptai sans objection. On s'y transporta avant midi... Les yeux d'Arnold étincelaient. Je ne comprenais donc pas que, dans ce local quelconque, à leur merci, hors du XXe arrondissement, je ne serais plus rien ?

Je comprenais parfaitement, et c'est pourquoi je laissais faire.

A midi, je trouvai dans le petit local Arnold et des messieurs que je ne connaissais pas. Arnold fut impertinent.

— Merci, lui dis-je.

Et j'allai tranquillement porter à un membre du bureau du comité du XXe arrondissement ma démission, qui les mit tous à l'aise.

Puis je rentrai chez moi, avec la fièvre, qui ne me quitta pas de huit jours.

Encore faible de cette crise d'épuisement, je suivais lentement le boulevard, heureux de me sentir seul et inconnu, lorsqu'un garde national en faction à la porte d'un baraquement poussa des cris de fureur, jeta son fusil à un camarade et fit mine de vouloir me frapper. C'était un jeune homme, violent et musculeux. Il déclarait que je m'étais vainement déguisé, qu'il me reconnaissait parfaitement, qu'il m'avait assez vu quand j'étais tombé du ciel comme un envoyé divin pour enchanter le peuple et le trahir après, que maintenant on savait que j'étais l'envoyé du diable, et que, puisqu'il me découvrait, son devoir était de me tuer.

J'eus grand peine à me débarrasser de ce forcené, qui passait successivement de l'adoration de l'archange apparu sur les hauteurs de Ménilmontant à la malédiction du démon qui avait trahi le peuple.

Mes rapports avec le Comité central eurent un épilogue.

Le 25 mars, j'appris que mon ex-intendant

Sylvestre venait d'être élu colonel de la XIe légion, la plus considérable de Paris par le nombre et la plus importante par son esprit révolutionnaire : le fait me parut grave. Je connaissais l'incapacité et la fourberie de l'homme ; je me mis à la disposition des officiers pour les édifier sur sa moralité, et j'allai à la préfecture de police faire rechercher dans le dossier de Sylvestre la plainte déposée contre lui en septembre par dix-huit officiers de ma guérilla. J'y attendis longtemps Raoul Rigault. Il y avait plusieurs personnes dans la salle, allant et venant, autour d'un individu vêtu en général. Je m'étais assis près d'un bureau, où deux vieux employés se disaient entre eux, sans se défier de moi :

— Combien de temps cette farce durera-t-elle ?

Le citoyen vêtu en général m'aperçut et vint à moi.

— Vous désirez quelque chose, citoyen ?

— J'attends Rigault.

— Pourquoi pas moi ?

— Alors vous êtes le général Duval ?

Je l'emmenai dans l'embrasure d'une fenêtre et lui contai le cas.

— Nous ne savons point, me dit-il, où sont les dossiers. Cette plainte, ne pourriez-vous la refaire ?

— Je ne suis pas dix-huit officiers.

— Nous n'en sommes pas aux formalités près.

— Moi, j'y tiens.

A ce moment, on amena un ouvrier horloger qu'on venait d'arrêter au Palais-Royal pour des propos tenus contre le Comité central.

Duval lui adressa une harangue, concluant à ceci :

— Entre ceux qui veulent que... (beaucoup de que), et ceux qui combattent pour le contraire, qui choisissez-vous ?

L'ouvrier répondit sans ambages :

— Moi, je suis pour travailler.

Le discoureur, totalement désarçonné par ce mot, ne trouvait syllabe à répliquer. Je vins à son aide.

— Nous aussi, dis-je, nous voulons travailler, et c'est pour obtenir les garanties du travail que nous combattons.

Le général délégué à la préfecture de police renvoya l'ami du travail se faire pendre ailleurs.

J'avais déjà gagné la rive gauche, lorsque je songeai qu'Assi était président du Comité central. Celui-là connaissait bien son Sylvestre : ils avaient manœuvré et trafiqué ensemble. Je suivis le quai, et je traversai le pont de l'Hôtel de ville, encombré de canons. Je dus monter sur les affûts. Les sentinelles me barraient le passage. D'autres canons remplissaient la place de Grève. L'Hôtel de ville était bondé d'hommes armés. Les couloirs, les escaliers en regorgeaient.

J'entrai dans le cabinet d'Assi et je l'attendis. Des pères de famille, à figure intelligente et respectable, gardaient la porte de ce faquin. Une vingtaine de personnes, assises ou debout, y causaient. J'attendis longtemps. Enfin Assi est annoncé. Je lui fais passer mon nom ; il accourt... Au moment où je l'entrevois sur le seuil de la porte, quelqu'un le retient : il disparaît.

J'attends encore une demi-heure.

Enfin des émissaires se montrent. Ils font évacuer le cabinet, où je reste seul. Puis les grandes portes s'ouvrent et la chambre se remplit de gardes, l'arme au bras.

J'admire la réception qu'on me prépare après une si longue délibération.

Deux membres du Comité central en écharpe rouge entrent accompagnés de trois capitaines et de plusieurs gardes. L'un des deux est Arnold ; j'ai oublié le nom de l'autre, aussi un de mes collègues de la rue Ramponneau.

Ils se tinrent à distance, prudents. Je n'étais point armé. Je n'ai jamais possédé d'autre arme que ma plume.

— Que faites-vous ici ? me crie Arnold, s'efforçant de prendre une voix sévère.

— J'attends Assi.

— Nous vous arrêtons par son ordre, au nom du Comité central.

Il me montra de loin que le président du Comité central savait signer.

— Et c'est vous, Arnold, qui vous chargez de cette besogne ? fis-je ironiquement.

Pour s'excuser, il m'accabla de reproches, où je relevai la trahison, la communication avec Vinoy, l'entente avec Thiers...

— Vous êtes partout à la tête de la réaction. C'est vous qui avez dirigé le mouvement de la place Vendôme. On vous a suivi jusqu'à l'état-major, on vous a vu entrer chez Bergeret...

Tout cela était de pure invention.

— Et pourquoi êtes-vous ici maintenant ?

Sa voix tremblait.

— Nous devons prendre des mesures contre vous.

Brusquement je me levai. Il recula.

— Ainsi, je vous fais peur, ici, seul, sans arme ?

Je riais. Soudain je le regardai en face et je pris un autre accent :

— Je vais vous dire, Arnold, ce qui vous fait peur. Vous craignez que je ne fasse connaître votre conduite au conseil de guerre du 27 février...

Je n'eus pas à en dire plus long : Arnold n'était plus là.

Son collègue songeait aussi à disparaître. Je lui saisis le bras.

— Vous ne partirez pas, vous ! lui dis-je. Croyez-vous que je me laisserai assassiner dans quelque coin par les exécuteurs de vos hautes œuvres sans leur dire que si vous êtes ici, vous et les vôtres, c'est à moi que vous le devez ?

— Ne parlez pas si haut, me dit-il, en faisant signe aux gardes de se retirer.

— Je veux parler haut. Si le Comité est réuni,

qu'on m'y conduise, et là, je verrai ce qu'on peut articuler contre moi.

Il m'emmenait dans le corridor. Je lui serrais toujours le bras.

— Je ne vous lâcherai point.

Les trois capitaines, témoins de la scène bizarre, se regardaient.

Il balbutia des explications.

— Votre présence à l'Hôtel de ville a été considérée par le Comité comme une provocation. Nous ne vous demandons que de vous retirer.

— Je ne sais pas le chemin; veuillez me le montrer.

— Ces capitaines vous l'indiqueront.

— Non! non! vous-même.

Et je lui enfonçais mes ongles dans la chair, le forçant à marcher auprès de moi. Les capitaines suivaient. Au seuil de la porte extérieure, il voulut me quitter.

— Non, pas encore. Cette grande place est difficile en diable à traverser, et je n'ai pas de mot de passe. Accompagnez-moi jusqu'à la rue de Rivoli.

Là il se mit à pleurer :

— C'est, voyez-vous, que nous y jouons notre tête !

— On ne se quitte pas sans boire un coup, dirent les capitaines.

Mon arrestation de l'Hôtel de ville se termina au café.

Un jour de mai, entrant dans une grande salle du même capharnaüm politique avec Cénac, je vis des gardes nationaux s'élancer vers moi en appelant leurs camarades, qui accoururent :

— Eh ! venez donc ! Voilà celui par lequel nous sommes ici.

— Vous vous souvenez donc, vous ? leur dis-je.

— Quand vous aurez besoin de nous, vous verrez si nous nous souvenons.

Des membres de la Commune qui passaient entendirent ces propos et ne comprirent pas.

Lorsque, à la fin de la Commune et sous les obus versaillais, je traversais les barricades, les chefs, m'attirant dans l'ombre, tiraient de leur portefeuille et me montraient mystérieusement comme une relique l'ordre signé de mon nom qu'ils avaient reçu le 28 février ou le 1er mars.

LE 18 MARS

Autres épilogues.

Vers le 12 mars, Dubuc vint déjeuner chez moi. Il me dit:

— Je ne sais pas ce qui s'est passé à Paris. J'en causais ce matin avec Choppin, qui a remplacé son beau-frère Cresson à la préfecture de police et dans le conseil du gouvernement, et voici comment il m'a parlé:

« Ce qui arrive est incompréhensible. Nous avions pris toutes nos mesures; toutes les salles étaient fermées; nous nous étions assurés de tous les individus dangereux... Tout à coup un homme étranger aux agitations révolutionnaires, un universitaire, qui a même professé dans les salles de la Sorbonne, s'avise de réunir la population de

Belleville, devient maître du peuple,... et tout nous échappe. Peut-on imaginer pareille ambition ou pareille folie ?... »

Choppin ayant prononcé mon nom :

— Écoutez, lui dit Dubuc; je le connais : il n'est pas ce que vous croyez. Il n'a point agi par ambition ni par amour du désordre : il a dû avoir un autre but, et à votre place, avant de le juger, je le consulterais.

— Croyez-vous qu'il se rendrait à une conférence? demanda le préfet.

Je crus devoir me rendre à l'invitation du préfet. Je risquais d'être arrêté à la préfecture de police; mais ne pouvait-on pas m'arrêter aussi bien chez moi?

Au moment où M. Choppin me tendait la main, il reçut un message qui l'appelait au gouvernement. Il me pria de conférer avec son secrétaire, M. de Boislisle, qui connaissait toutes ses vues et était autorisé à parler en son nom, comme lui, Choppin, me parlait au nom du gouvernement.

— Du reste, ajouta-t-il, nous nous reverrons.

M. de Boislisle commença par reconnaître le service que j'avais rendu le 2 mars, mais conclut en disant que le gouvernement était impossible avec un Comité central mis à la tête de la garde nationale armée.

Je connaissais trop les intentions de mes bons amis du Comité pour ne pas comprendre l'utilité du désarmement, maintenant qu'il ne s'agissait plus ni de continuer la guerre ni d'établir un nouveau droit public.

Mais ce désarmement ne devait pas avoir lieu sans compensations et sans garanties.

— Vous avez fait, disais-je, et vous continuez à faire tout ce qui est en votre pouvoir pour inquiéter et irriter Paris. Vos nominations de Jules Favre et d'Aurelles de Paladines sont reçues comme des défis. Vous supprimez la solde de la garde nationale avant de lui donner du travail. Votre loi sur les loyers, toute en faveur des propriétaires, est inique. Paris a trop souffert de la guerre pour rentrer ainsi de plain-pied dans la règle économique. Le peuple a été trompé : il est indigné. Il n'a pas confiance dans votre assemblée réactionnaire de Bordeaux. Il craint qu'après la paix à tout prix on ne lui inflige la monarchie; et, quoique cette République, jusqu'à présent, ne dise à la Démocratie rien qui vaille, sachez bien qu'on ne lui ôtera pas cette unique consolation de nos défaites sans guerre civile.

— Si le peuple de Paris veut la guerre civile, nous sommes prêts, me dit imprudemment M. de Boislisle. Nous n'avons pas peur du peuple : si le peuple se révolte, nous le réduirons aisément. Notre ennemi n'est pas Paris ; notre ennemi, c'est la droite de l'assemblée, et pour la satisfaire, il nous faut des violences dans Paris.

Je me levai indigné.

— Vous les aurez, m'écriai-je, plus terribles que vous ne pensez, et le sang répandu tombera sur vos têtes et sur celles des enfants de vos enfants.

Il changea de ton.

— Nos vues, me dit-il, ne sont pas si éloignées qu'il semble au premier abord. Vous voulez le maintien de la République : nous le voulons aussi. Vous désirez le progrès de la Démocratie : c'est notre vœu. Mais il y a deux partis dans le gouvernement ; je vous dis ceci en confidence. L'un des deux, et celui auquel nous appartenons, est disposé à faire à Paris des concessions et à lui donner des garanties. Au cas où nos idées l'emporteraient dans le Conseil, et nous l'espérons, revenez après-demain ; amenez avec vous les personnes qui vous paraîtront le plus propres à répondre de nos intentions auprès du peuple. Nous essayerons de nous entendre, à la condition que, jusqu'à nouvel ordre, les garanties que nous vous offrirons soient tenues secrètes... Si le parti des violences triomphe, nous ne répondons de rien.

Je promis de revenir le surlendemain,... s'il y avait lieu.

Le soir, je descendis dans Paris, pour humer son air, sentir d'où venait le vent. A la sortie des cafés, des groupes nombreux se formèrent sur les boulevards, entre la porte Saint-Denis et le nouvel Opéra. Ils étaient principalement composés de bourgeois, qui commençaient à s'apercevoir de l'anarchie de Paris. La chaussée en était encombrée par places ; j'écoutais un instant les déclamations vagues, qui n'attestaient aucune connaissance des faits ni aucun sentiment de la situation.

La physionomie des manifestants changeait selon le quartier. Au boulevard des Italiens, les clabaudeurs étaient plus jeunes : les rosettes rouges ou multicolores se montraient auprès des foulards de soie sur les habits noirs qui sortaient des salons ou des théâtres ; le langage devenait plus élégant, mais non plus sensé.

On parla autour de moi du Comité central.

— N'est-ce pas, monsieur, me dit un de mes voisins, que ces gens-là sont bien coupables ?

— Comment l'entendez-vous ? lui demandai-je.

— Est-il possible qu'il y ait deux manières de l'entendre ?

— Ils ne sont pas seuls coupables, répondis-je.

J'essayai à demi-voix d'expliquer ma pensée. Mais déjà l'on faisait cercle autour de nous et je fus obligé de parler haut.

Alors des habits noirs très décorés se précipitèrent sur moi, l'injure et la menace à la bouche, furieux que j'osasse « défendre ces gens-là », ce que je ne faisais point.

Plusieurs groupes d'habits noirs s'étaient réunis, et je me trouvais au milieu d'un vaste cercle, injurié et presque malmené. Je parlai haut et ferme, et voici en substance quel fut mon texte :

— A vous la faute ! De quel droit blâmez-vous ce peuple ignorant que vous aviez mission d'instruire ? A quel titre maudissez-vous ces passions mal issues que votre devoir était de diriger ? Depuis quatre-vingts ans, vos pères et vous-mêmes n'avez songé qu'à vous substituer au pouvoir de l'ancienne noblesse sans remplir ses fonctions hautes ; vous avez accaparé les responsabilités du gouvernement sans en connaître les conditions austères ; vous avez épuisé en vous et pour vous le fruit du travail des siècles, sans souci des lois morales qui mènent le monde et du dépôt sacré de l'avenir ; vous avez aboli les institutions et détruit l'idée du droit, vous avez déchaîné tous les vents de la convoitise et de l'erreur, et si maintenant leurs tourbillons fracassent vos frêles nacelles, vous qui vous dites les classes gouvernantes, à qui et de quoi vous plaignez-vous ?...

Ces paroles graves portèrent coup. Les menaces et les réponses injurieuses cessèrent. Je fus écouté avec surprise. Bientôt quelques-uns s'écrièrent :

— Il est vrai, nous sommes coupables ; mais nous ne savions pas. *On ne nous avait jamais dit ces choses-là.*

Les expressions mêmes que j'avais souvent entendues à Belleville.

— Eh ! fis-je avec colère, que ne vous les êtes-vous dites vous-mêmes ? Le peuple est excusable d'ignorer les devoirs sociaux et politiques : vous ne l'êtes pas.

— Après tout, dit quelqu'un, nous ne sommes pas responsables des fautes du gouvernement.

— Le gouvernement, répondis-je, ne peut rien sans le concours intelligent des hautes classes, à moins qu'il ne les supprime et ne les remplace. Prenez-y garde, c'est cette suppression qui en ce moment est en cause. Si la guerre civile commence, ne vous y trompez pas, ce sera la guerre des classes, la guerre sociale. Après la déchéance nationale, dont vous êtes responsables, celle de vos titres, de votre richesse, de vos honneurs va être mise en question, et vous apprendrez ce que coûte la négligence des intérêts de l'État.

— Mais alors que faut-il faire ? me demanda-t-on.

— Eh ! c'est ce que vous devriez examiner entre vous, quoiqu'il soit déjà un peu tard.

Comme pour justifier cette parole, une compagnie de gardes nationaux de Belleville vint, au nom de l'ordre, et d'ailleurs avec beaucoup de calme, disperser l'attroupement où je me trouvais.

— Allons ! messieurs, il est temps d'aller vous coucher et de laisser dormir les gens qui travaillent le matin, disaient-ils avec une ironique politesse.

Le cercle se rompit, non sans que plusieurs de ceux qui se formaient me remerciassent en se retirant des avis que je leur avais donnés. Même trois d'entre eux qui, à en juger par leurs décorations et par leur ton, occupaient un certain rang, continuèrent avec moi l'entretien derrière l'Opéra-Comique. Ils me pressèrent de questions, extrêmement étonnés de s'apercevoir qu'ils ne savaient rien ni de ce qui se passait, ni des causes du mouvement et de ses conséquences probables, ni des fautes commises ou à commettre, ni du devoir économique et politique des hautes classes, ni des garanties à établir et des sacrifices nécessaires.

20

Leur conclusion fut, après une conversation très serrée de plus de deux heures, qu'il était urgent de créer une ligue de résistance dans le monde capitaliste, le seul assez libre, assez éclairé, assez directement intéressé au maintien de l'ordre pour prendre utilement cette initiative. La ligue serait à la fois conservatrice, libérale et réformiste, et neutraliserait la vaine et dangereuse agitation du prolétariat, en reprenant le rôle de l'ancienne bourgeoisie défendant contre toutes les usurpations les droits de la cité.

Mes interlocuteurs devaient provoquer une réunion de financiers, de hauts industriels et de gens de marque dans une salle de la Bourse. Là je serais appelé à exposer mes idées.

Rendez-vous fut pris pour le lendemain soir à minuit.

Le lendemain soir, à dix heures, j'appris le remplacement de M. Choppin par le général Valentin.

C'était le signal des *violences dans Paris*, et le 18 Mars éclata.

J'exposerai dans un autre volume certaines conséquences peu connues de cet acte, dont toute la responsabilité remonte à M. Thiers.

Du livre que je clos ici, je ne veux retenir qu'une conclusion :

Savoir que, de juillet 1870 au 2 mars 1871, Paris n'a été dirigé que par le sentiment national.

C'est pour défendre l'honneur national qu'il a envahi l'Hôtel de ville le 31 octobre 1870 et créé le Comité central dans les grandes journées révolutionnaires des 26 et 27 février 1871.

L'action des comités factieux et des sociétés secrètes n'avait pas pénétré profondément la conscience populaire.

Ce que Paris voulait avant le 18 mars, il a continué à le vouloir après : à savoir une constitution établie sur des principes de droit et garantie par la liberté.

La Révolution, telle qu'il la rêvait, était une reconstruction, fondée sur la reconstitution des éléments.

C'était l'expression exacte des tendances de l'esprit français et des désirs exprimés par notre nation depuis mille ans et nettement formulés à la veille de 1789.

La Révolution, ainsi comprise, est la condition de notre relèvement et de la paix de l'Europe.

J'entrevois, pour l'Europe du vingtième siècle, un nouvel ordre, à l'établissement duquel l'esprit français, par sa liberté, sa clarté et son universalité, est appelé à prendre la plus grande part. Mais rien ne se fera sans le large épanouissement du génie national et de la conscience populaire.

En 1888 comme en 1870, le rejeton du Saint Empire serre contre vous le cercle de ses alliances. Tous les vieux pouvoirs seront demain, comme ils l'ont toujours été, unis contre la France, et il y aurait folie à nous de compter sur l'appui d'un seul d'entre eux aux heures de détresse. La France parlementaire et financière, faible et inerte, sans souffle, sans idéal, est en Europe seule contre tous... La France révolutionnaire aura pour elle la sympathie et l'intérêt commun de tous les peuples.

Je ne désire pas la guerre. Quoique j'aie été le dernier à lutter pour sa continuation en 1871, j'ai, depuis dix-sept ans, attendu du développement des institutions démocratiques la réconciliation morale des deux nations.

Ce développement ne s'est pas produit. La réconciliation n'est pas venue. Nous semblons être retournés aux jours les plus sombres du moyen âge. L'Allemagne, infidèle au génie de ses penseurs et de ses poètes, opprime l'Europe. Le reître teuton nous menace. Il arrête nos transactions, suspend notre travail, terrifie nos femmes et nos mères, trouble notre vie. Il lâche sur nous l'insulte du lazzarone, du mendiant italien. Il convoite nos vins de Champagne après nous avoir pris nos vins du Rhin. Nos boulevards et nos ateliers résonnent de son jargon tudesque. Il envahit notre industrie et nos finances. Déjà il dicte ses volontés à nos hommes d'État. Si nous ne nous redressons pas dans notre fierté nationale, un préfet prussien interdira bientôt l'usage de la langue française dans nos écoles.

Amis, il est temps de revenir aux pensées de 1871.

Il est temps pour la France de reprendre sa grande mission et de proclamer le droit des peuples, la liberté de l'Europe.

Il est temps pour le progrès de se vêtir de son nouveau nom : la Démocratie armée.

Il est temps pour la Guerre de dire au ho-
bereau de Berlin :

— Tu m'as appelée. Je suis la Révolution.
Que me veux-tu ?

TABLE

—

1871

SOUVENIRS RÉVOLUTIONNAIRES

ÉVREUX, IMPRIMERIE DE CHARLES HÉRISSEY